死を育てる

秋田 巌・金山由美 編
Iwao Akita & Yumi Kanayama

ナカニシヤ出版

はじめに

過日、NPO法人「自殺防止ネットワーク風」の理事長であり長寿院住職、篠原鋭一先生から、私が勤務する京都文教大学臨床心理学研究科に「何か一緒に仕事ができないか」との打診があった。その担当が回りまわって私のところにきた。始まりは「自殺防止」。

その翌日だったか、たしか休日の朝、コーヒーを飲みながら新聞を読んでいたときのことだったと思う。ふいに不思議な感覚に襲われた。何かが起こったのだが、それが何だかわからない。正体を目で追っていくうちに新聞から浮かび上がってきた文字は「死を育てる」。記事を読むと、多田富雄先生（一九三四年三月三一日‐二〇一〇年四月二一日）のことが書かれていた。そのなかでの言葉だった──死を育てる──。二〇〇一年に多田先生が脳梗塞となり声を失い右半身不随となった後も、ご不自由ながらも執筆活動を続けられるなかで生まれた言葉として紹介されていた。そう簡単に出てきうる言葉ではない。世界的免疫学者であり文筆家としても名高い先生が、著しく自由を制限され、それでも残された力を振り絞って生きられた過程のなかからこぼれおちた「宝石」。この言葉は放っておけないと思った。あつかましいことながら、この言葉を育てさせていただかねばと思った。そして、私のなかで「自殺防止」「死を育てる」が関係を持ちはじめた。交錯し、結びつこうとしはじめた。

この流れに乗らねばと思いたち、同僚の金山由美教授に早速打診したところ、いつもは表に出たがらない金山先生がほぼ二つ返事で応じてくださり、ぜひ、シンポジウムをしようということになった。

まず、自殺防止に熱心に取り組んでおられ、またうつ病研究でも著名な渡辺洋一郎先生（大阪精神科診療所協会会長、渡辺クリニック院長）に講演をお願いしたところ、ご快諾くださった。また、性的マイノリティの臨床に精魂込めて取り組んでおられる平田俊明先生（精神科医、しらかば診療所）にもお声かけしたところ、これまた氏特有の謙虚さでもってご承諾いただけた。氏をお呼びした理由は、精神障害と呼ばれるもののなかでも性的マイノリティの方々においては特に自死の危険が高いからである。さらに本学の宗教委員会委員長である仏教学者・平岡聡教授のご賛同も得、二〇一〇年一一月七日、本学人間学研究所・心理臨床センター・宗教委員会共催で公開シンポジウム『死を育てる』を開催できることとなった。うまくいくときにはうまくいくもので、結果としてすごいメンバーをすんなりと集めることができた。さらに拍子はトントンと進み、ナカニシヤ出版の宍倉由高氏も賛意を表してくださり、著作化の運びとなった。ありがたいことである。

多田先生とは一面識もない。私の偉大なる師、故・河合隼雄先生とご親交があったことを知っているぐらいで、実のところ多田先生の文章に触れることはあってもまとまったものをお読みする機会さえなかった。ここでいきなり私事で甚だ恐縮だが、不思議な偶然がある。多田先生の誕生日三月三一日は（私の）義父の誕生日でもあり、そしてご命日四月二一日は義母の誕生日。シンポジウムの当日の朝、このことを知った。私が学んだユング心理学においてはこのような現象をシンクロニシティ（共時性、縁起律）と呼ぶ。見事に死を育てている、尊敬する義父母と重なりを生じてきたことにも縁を感じざるをえない。

本書の構成についてであるが、「はじめに」「序章」はそれぞれ秋田と金山の書き下ろしである。そして公開シンポジウムを挟み、最後の「終章」「おわりに」もまた秋田・金山の書き下ろしである。公開シンポジウム部分は臨場感を残すため「です、ます」調主体、そこへの滑走部としての「序章」もまた「です、ます」調とした。それ以外の書き下ろし部分は全体を引き締め、貴重な「中身」がこぼれおちないよう「である」調で挟み込んだ。あらかじめお断りしておく次第である。

以下、シンポジウムに入り込んでいただきやすくするため、宣伝のポスターに載せた紹介文を抜粋・引用させていただく。

自殺が止まらない。

一二年連続して三万人を超える方々が自ら命を絶っている。

各方面で、自殺防止のための努力がなされているが、今回われわれは「死を育てる」という観点から自殺について考えてみたい。晩年、脳梗塞による後遺症で大きな身体的ハンディキャップを背負いつつ最期まで生き抜いた多田富雄先生ならではのお言葉と感じる。

「死を育てる」。

そう簡単に得られる言葉ではない。自死された方々のなかには、生き抜かれた過程のなかで、自らの内なる「死」を育てきって逝かれた方もおられるであろう。しかし、そうでない方がもし多くおられるのであれば、ぜひ、この「内なる死」を育てきって逝ってほしいと考える。

植物にしろ、動物にしろ、育ちきらないまま死んでしまうのは何ともやりきれない。内面的要素についてもこのことは当てはまる。「育てられる」ことを待っているさまざまな要素がある。誠実さ・努力する心・慈愛・学力・社会的成長（地位・名誉）など、さまざまとあるであろう。

その一つに「死」があると考える。生が終わるところに死がある、という認識だけではおそらくは不十分である。死もまた育てられることを待っている。多田先生が、それこそ命をかけて残してくださった、おそらくはまったく新しい認識につながりえる言葉・概念「死を育てる」について、先生方のお力添えをいただきつつ考えていきたい。

目次

序章　死の種

1　予感

だれもが体験し、いずれは自らにも訪れる「死」。けれども今の私たちにとって、「死」の現実味はあまりありません。死について考える機会がほとんど無いだけでなく、社会全体もできるだけそれを避け、排除しようとさえしています。現代は死者の居場所がなくなっている、とも言われます。

私は以前から、そのような状況に危うさを感じ、何かしら落ち着かない心持ちでいました。そして、それが誤魔化しようのない確信となったのは、ある種の事件が次々と報告されはじめたからでした。

二〇一〇年七月二九日、東京都足立区に住む一八九九年生まれの「一一一歳男性」が白骨化した状態で発見され、司法解剖の結果三〇年以上前に死亡していることが明らかになった。家族によれば、男性はほぼ同時期に「即身成仏するから絶対に入るな」と部屋に閉じこもったという。この地区を担当する民生委員が、同年一月に、男性と一度も面会できないことを足立区に相談したことがきっかけとなって発覚した。この男性の遺族共済年金が家族に支給されており、八月二七日に長女と孫が詐欺容疑で逮捕された[1]。

最初は、とても奇妙な、でもほんの僅かな特殊な事件として受け取られていたのです。ところが程なく、事態は驚くべき展開を見せはじめました。同じような例が、次々と発見されていったのです。公的文書の上では、生存しているはずのお年寄り。けれども、到底生きておられるとは考えられない年齢の場合や、所在が確認できないケースが次々と報告されはじめたのです。

生者と死者の区別があやふやになり、死者も死者と認識されない無境界状態。日本全国に、何とも言葉にしようのない、不気味な衝撃が拡がりました。身近な人の死という、日常生活のなかで、頻繁ではないにせよ必ず遭遇する出来事に対応するための、伝統的な方法が、機能しなくなっている。これは大変なことだ、という予感が私の身体を奔りました。「死についてしっかりと考えなければ、危ない」と。

人間のものといえども遺体、すなわち死体は、なかなか扱いの難しいものです。放っておけばどんどん腐敗が進み、形状が変わってゆきます。解剖学者の養老孟司は、死体には三種類があると言います。一人称の死体、すなわち自分の死体、「これは経験を超越する」[(2)]。二人称の死体は親しい人の死体で、「じつは死体ではなく、まだ生きて」[(2)]いる。そして三人称の死体、赤の他人の死体のみが客観的な死体であり、「これは解剖学者以外にはふつう逃避の対象にしかならない」[(2)]として、次のように述べています。

「死は抽象的だから、美化できるが、死体は具体的だから、それがむずかしい。そこに、あらゆる葬制の起源があり、また二人称の死体の『限界』がある。死体はしょせん死体であるから、放っておくと、ご存じのように始末の悪い結果を生じる」(3)。

私たちが実際に遭遇するのは、ほとんどがこの「二人称の死体」でしょう。ですから、故人が生きていた時の心や身体とのやりとりは、その人への愛着と共に鮮やかに生き続けてゆきますが、その一方で、命が消えた身体は温度を失ったタンパク質として、冷たく固く、着実な変化を遂げてゆくのです。この、命無き身体への対応は、さまざまな共同体の形式に力を借りることで、ようやくまがりなりにも遂行できているのが私たち現代人の実状ではないでしょうか。そうした大きな枠組みの力を借りながら、故人が生きていた頃に自分と結んでいた関係や面目を守り、同時に生きて残る自分の面目やプライドを守り、そんな、ある意味煩わしくもあるあれこれを、葬送の儀式で送り出してゆくのが、人間の人間らしい「死」の迎え方、送り方だったように思います。しかし、それが成り立たなくなりはじめている。私たち個々の予想をはるかに超えて進行する「死」をめぐる現実を、先の事件によって叩きつけられたように感じたのです。

2 「死を育てる」の視座

このような体験が私自身のなかで進行していたのとシンクロするように、職場である大学のなかでは、「自殺」の問題に関連して何かできないかという動きが生じていました。その詳細は、「はじめに」で秋田先生が書き記してくれています。

正直なところ私自身は、自殺者の未曾有の増加ということ以上に、先に述べたような、人と「死」の関わり方そのものが変わってきている感触に、おののいていました。必ずしも伝統的な方法ばかりが正しいとは思いませんが、人間にとって決してたやすく対処できるものではない「死」に対して、長い時間をかけて人が編み出してきた知恵が力を失ってきていることに、底知れない「怖さ」を感じたのです。その時に思い起こされたのは、高齢者の遺体が部屋に寝かされたまま白骨化していたり、押し入れやタンスに押し込まれたり、ゴミとして出される事件のみならず、子どもの遺体が段ボール箱に詰められたり、あるいは衰弱した状態でベランダに放置されて亡くなったりしている事件でもありました。何も高齢者とその家族に限ったことではなく、私たちすべてが、「死の無機化」とでも言うのか、そういったものに知らず知らずに侵食されているのではなかろうか？　あまりの恐ろしさに、当時誰にも言えずに抱えていたのは、そんな「怖さ」でした。

そうこうするうち秋田先生から、すでに一一月に予定が決まっていた自殺関連シンポジウムのテーマとして、「死を育てる」ということを考えている旨のメールが届きました。

「死を育てる」

それは決して日常用いられる表現ではなく、それゆえ容易に思い浮かぶ言葉ではありません。「死」は「育ち」とは無縁の状態ですし、「育つ」ということは「生」の領域のことだから、「死」とは相容れない。このように、普通に考えると「死」と「育てる」はまったく正反対の内容で、その二つが繋がった表現は、言語矛盾、意味矛盾なのです。と、今でこそこのように理屈っぽくあれこれ書いていますが、秋田先生からこの言葉が届いた時の私は、本当に何の違和感もなく、それどころか、ずっと求めていたものがポーンと届いて、その響きが心に染み通ったように感じたのです。それは、先に記したような「死の無機化」――考えてみると、この言い方もたいそう言語矛盾、意味矛盾なのですが、勝手にそう呼んで――に「怖さ」を感じていた私にとって、とても大きな助けとなる、重要な視点を届けられた思いでした。

3　経済的問題と人間関係と死

結局その後、日本全国で三二五人[4]ものケースが発覚した「高齢者所在不明問題」の背景からは、生きている側のさまざまな問題が浮かび上がりました。[5]その最も大きなものが、経済的問題です。身近な人の死を迎えた際に、多くの人が力を借りる共同体的葬儀の形式には、決して少額とは言えない費用がかかります。この費用を捻出することができない場合、というのが先ずひとつです。そしてもうひとつは、さらに深刻です。年金を受け取っていた高齢者や障害者が亡くなった場合に、本人の死後も年金を受給し続けるため亡くなったことを隠してしまうという、こちらは明らかな犯罪行為となるパターンです。ここにも、年金を打ち切られては生活していけないという、残された家族の経済的困窮や、亡くなった人の死を受けとめ対処することよりも、このままにしておけば自動的に振り込まれ続けるお金の方を選んでしまうという、経済的問題であると同時にモラルの問題が含まれています。

もうひとつ、先の事件から明るみに出た大きな問題、それが、人間関係の希薄化でした。近所の人や実の家族とも連絡が途絶え、実際、本当に所在不明になっている人（特に高齢者）がいかに増えているか。それらの人がひっそりと亡くなっていた場合、その「死」は誰にも気づかれないままであることが多いという深刻な現実を、私たちは突きつけられました。こちらもその後、ＮＨＫによる「無縁社会」という衝撃的な造語があっという間に拡がったことは、記憶に新しいところでしょう。

以上のような要因を共有しながら、社会的には所在不明問題以上に深刻なのが自殺の問題です。経済的問題と人間関係の希薄化は、自殺増加にも大きな影響を及ぼしていることが指摘されています。経済的な困窮（そして、これと密接に結びついている健康問題）と周囲との関わりが途絶えることで、人は急速に、生きる場を失ってゆくのです。

自殺の問題は本シンポジウムの出発点のひとつでもあり、シンポジウムのなかで詳しく述べられることと思いますが、世界的に見ても日本人の自殺率の高さは目を見張るものがあります。二〇一〇年段階で、世界一〇四ヶ国中六位。(6) 日本より上位の国には、ベラルーシ、リトアニア、ロシア、カザフスタン、ハンガリーと、旧社会主義体制からの移行状態にあり国内混乱が続く国々が並びます。日本は今、少なくとも表面的に、国の体制が変わるほど大きな変化のなかにあるわけでなく、内乱やテロリズムが発生しているわけでもありません。それなのに、これ程多くの日本人が自殺の道を選んでしまうのは、何故なのでしょうか？

日本は、他の多くのアジアの国々同様、家族の繋がりを重んじる国です。そしてまた、日本独自の、家族関係のあり方を育んできた歴史があります。しばしば「家」と表現されるその関係は、まさに、人にとっての中核的人間関係（配偶者関係と親子関係）と経済関係を併せ含んだものでありました。

私たち日本人はそのなかで、とても強く支えられながら、同時に縛られもして、生きてきたのです。近代以前の時代は、「個人」よりもはるかに「家」が重んじられていましたし、近代以降も、「家」対「個人」の相克は日本社会のなかでさまざまに繰り広げられてきました。「家」と「個人」を巡って展開される状況が、近代以降の日本の文化を形作ってきたといっても過言ではありません。「家」と「個人」というテーマで、さまざまなジャンルの芸術表現が生み出されました。

そして日本人にとって、とりわけ日本男性にとって、自分が所属する「会社」は、擬似的に「家」と同じような意味合いを持ち続けているのではないかということが、しばしば指摘されます。これは、昨今の自殺者で最も多いのが、三〇～五〇代の働き盛りの男性である事実をうけてのことです。日本の日本人男性にとって、二〇歳前後から所属しはじめ、定年までの約四〇年を過ごしていた「会社」。多くが長らく終身雇用制度を主流としていたことも、この点に大きな影響を及ぼしているでしょう。多くの人生の半分近くにわたって繋がり続ける「会社」という組織は、ほとんどの日本男性にとって「家」に次いで、あるいは「家」以上に、自分が生きていく場、自分の居場所であったのです。

けれども近年、多くの「会社」は、終身雇用制度を維持することが難しくなってきています。雇用の不安定化は、ダイレクトに労働する側の経済的問題を引き起こすと共に、「会社」という擬似的な「家」との繋がりを失うことを意味します。影響は、それればかりではありません。こうして多くの男性が経済的基盤と擬似的「家」との繋がりを失う結果、パートナーや親・子どもとの関係も変化し、もちろん助け合い絆を深める場合もあるでしょうが、なかには本来の「家」との繋がりを失い、そこに連動する形で健康上の問題をも抱えることになる場合が少なくないのです。こうなってくると、先述した経済的問題と人間関係の希薄化、そして健康問題の三つが揃った状況が、あっという間にでき上がってしまいます。本人のみならず、にわかに経済的安定を失ったパートナーや子ども達の問題も深刻で、ひいてはワーキングプアや若年貧困層の問題に繋がってゆくのです。先に取り上げた、老親の死亡届を出さずに年金を貰い続ける人たちの驚くほどの多さの背景にも、以上のような状況が間違いなく影響していることでしょう。

経済的問題、健康問題そして人間関係の希薄化が重なるとき、形はどうであれ、「死」が身近な現実として迫ってきます。「高齢者所在不明問題」や「自殺問題」を通して私たちは、今の日本に生きる者と「死」の関わりのシビアな状況を、恐ろしいほどの冷徹さで突きつけられているのです。

4　人と死の関わりの歴史

ところで、死との関わりは人類が誕生した時点からはじまっているわけですから、どのような経緯があって、人と死の関わりが現在の形になったのかを考えてみることはとても興味深い作業です。以下、主にフィリップ・アリエスの著作『死と歴史』を手がかりに、たどってみたいと思います。

四世紀以前の原始ゲルマン社会では、死んだ人間は、あの世で現世と同じように生き続けると考えられていました。だから、死者の墓を作りますが、そこにたくさんの物を埋葬する習慣をはじめとして、古い法典や伝説・民話のなかにも、死者が生き続けるという観念が拡がっていた形跡がたくさん残っているといわれています[(7)]。

中世に入りヨーロッパ社会が形作られていく過程でも、死は今よりもずっと、なじみ深く身近なものとされていたようです。誰も、自分が死んでいくことを知るひまもなしに死ぬことはなかったし、自分の最期が近いのを知って、死にゆく者は準備をととのえました。死の予告・予感は、自然の兆候とか、もっとしばしば内心の確信によってその本人にもたらされるものでしたし、それはごく単純な、自然なことだったようです[8]。人は「病の床に臥して」[9]死を待ったのです。そうした「病の床」が、死に際しては死の儀式という「公の儀式」、「公の場」となりました。親戚、友人、隣人達が立ち会うことが必要とされ、子ども達も連れて来られましたし、一般人の入室も自由だったといいます。このような死の儀式は、ごく自然に受け入れられ、「劇的なところなしに、過度の感情の動きを示すことなしに行われたということです」[10]。

一方、キリスト教の教義は、死者と生者の境界を明確に分けましたが、それでも初期には「…聖者の集団が……眠りのうちの長い待機ののちの栄光ある死後の生を保証され」[11]るといった表現が認められていました。しかし、「審判」の観念が優位となる一二・一三世紀以降、変化が生じます。「最後の審判」という観念が各々の死の瞬間に結びつけられ、「ひとりひとりが《その生涯の決算表》によって裁かれ…善行と悪行とは、秤の二つの皿に細心の注意をもって分けられるのです」[12]。これ以降、「各人は死の瞬間に、ただ一つの縮図として己の全生涯を見直すのだ、と信じられる」[13]ようになってゆきます。またこの時期には、それまで高位聖職者や身分の高い人、家長が行っていた「死」に繋がる行為（遺体への対応や、処刑）が職業として成立すると共に、一四世紀以降、卑しい職業として差別されてゆきます。このような変化も含め、一二・一三世紀に、ヨーロッパ人の死に対する意識、死のとらえられ方が大きく変わったと考える研究者もいます[14]。

さらに一六世紀以降、死のテーマに関して再び重大な変化が生じます。死が、ひとつの断絶と考えられるようになるのです。「性行為と同じく死も、人間をその日常生活や、合理的なつき合いや、単調な仕事からひき離し、発作的な状態におとし入れ、非合理的で、烈しく、残酷な世界のうちに投げこむ、侵犯行為と考えられるように、以後ますますなって行きます」[15]。死のテーマに被せられたエロティックな色合いは、ときに昇華されて、ロマンティックな「美」のうちに表現されてゆきます。こうして死は称揚されつつもおそれられるようになり、一八世紀以降の時代、残される者にとって、悲しく受け入れがたいものになっていくのです。

中世初期から一九世紀半ばにわたる上記の変化は比較的ゆっくりしたものでしたが、その後、死は急激にタブー視されていきます。死にゆく者の周囲の人々は、病者をいたわり、真実を隠しておこうとするようになっていきました。しかしこの感情も、程なく、現代に特徴的な別の感情に覆い隠されてしまった、とアリエスは指摘しています。それは、「もはや死にゆく者ではなくて、社会、周囲の者たち自体に、死の苦しみの醜さや、幸せな生のさ中に死がみられるただそれだけのことでひきおこされる混乱や、強すぎて耐えがたい動揺を、まぬがれさせてやろうという感情です。というのは、人生はつねに幸せなものであるか、つねに幸せなものであるようにみえねばならぬことが、いまや受入れられているからです」[16]。

二〇世紀前半に、死の場所が家から病院に移ったことで、この変化は加速してゆきます。家での手当がつきてしまうと、病者は病院へ移されます。そこでさらに、家では難しい治療が続けられ、死との戦いが行われるのです。こうして、戦いの終わり、すなわち「死」は、「看護の停止により生じる、つまり医師と看護スタッフがある程度はっきり認めた決定により生じる、技術上の現象」[17]へと変貌してゆきました。死に際しての主導権は、死にゆく本人からその家族へ移行し、さらに現代では医療スタッフへと移っているのです。

このような変化に応じて、葬礼のあり方も変わってきていることをアリエスは指摘します。現在では、「社会、近隣、友人、同僚、子供たちが、死が通りすぎたのをできるだけ気づかぬようにすること」[18]がまず重要視されている、というのです。誰かが亡くなったことが周囲の者の日常を乱さないため、さまざまな工夫が施されます。しかし、「死からのこの逃避を、死者に対する無関心のせいだと考えたら、大間違いをすることになります。じつはその逆が真実なのです。古代の社会においては、喪の悲しみの派手な表現はすみやかな諦めをかろうじて隠しているものだったのです。何と多くのやもめの男たちが、その妻の死後わずか数ヶ月で再婚していることでしょうか。ところが喪が禁じられている今日では、配偶者の死の翌年の男女のやもめの死亡率は、同じ年齢の平均よりもはるかに高いことが確認されています」[19]という指摘には、笑ってすませられないものを感じます。死との関わり方は、生きている私たち自身の寿命や死亡率にさえ、影響を及ぼしている可能性があるのかもしれません。

このままでは、「つい三〇年程前には人はどう死んだかを私たちが忘れてしまっている」[20]ことを危惧し、アリエスは次のように述べています。

「今、死は日常的な親しみ深い世界にはいない。現代人は、そうたびたび死を間近に見るということがないので、死のことは忘れてしまった。かくて死は野性的存在になった。そして死に着せられた科学的な装置にも拘わらず、死は、日常生活の習慣の場たる自宅の部屋を乱す以上に、理性と技術の場たる病院を動揺させるのである」(21)。

5　死と日本人

近代における死のタブー化や医療化の状況が日本でも進行していることは間違いないものの、欧米をはじめとするキリスト教圏の状況をそのまま日本に置き換えるのは、難しいところがたくさんあります。興味深いことに、前節で引用したアリエスの著作の訳者達は、「訳者あとがき」の中で次のように述べています。

「…この本を読んで自殺が問題にされていないという点にもある感慨を覚えた。わが国には古くから、追腹《おいばら》という主君との一種の心中、遊女相手の情死がある。近松の場合は、情死こそ往生を約束するものという浄土俗信に発するものだろうが、他の多くは、柳田國男が『死の親しさ』の中で述べているような死生観、すなわち日本人が霊は近くに留まり、顕幽二界を繋く往来でき、死ぬ時の念願は死後にかならず達成されると考え、また三度生れ代わって志を貫けると思っているこうした考え方と係わること大であろう」(22)。

日本人と死の問題、とりわけ自殺の問題が、ここでまた取り上げられています。日本が、死のテーマに関して、自殺の禁止をはじめとするキリスト教の影響を強く受けてきた地域と大きく異なる歴史と文化を展開していることは、海外の視点からしばしば指摘されます。[23] 宗教的に自殺に対して中立的というだけでなく、恥をさらすことを回避する・名誉を守る・責任をとるために自殺を選ぶことが承認されることさえあるという、文化的、社会的特徴があるというのです。その根拠の中核に、「恥」をさらすよりも死を選ぶことが「誇らしく、気高い」と受け取られる、武士道の文化を指摘します。つまり、心中や切腹（世間体・恥）といった形で自殺がある意味尊重されてきた日本の文化的伝統のなかに、今日の自殺増加の根があるという見方です。

確かに、武士道に基づく思想も、日本文化に特徴的な「死生観」を生み出しています。ただ、「義」という道徳規範を重んじ、「義」の前には死をも厭わないという武士道は、近世以降の日本における、一部の支配階級の考え方であった点を忘れてはならないでしょう。外国人の目からすると武士道は非常に目立った特徴を備えているのでしょうが、すでに日本にはそれ以前から独特の「人間観」が育まれており、それは現在に至るまで、形を変えながらも引き継がれているのです。

「日本の各地には、肉体は死んでもなお霊魂は生きつづけていると考えた時代の習俗が、いくらものこっています。

それは先にもふれたように、死の認定も、自然に対する知識も、まだまだはっきりしない時代から、近親者の死を見守る役をしてきた生者たちが、死別をかなしみながら伝承してきた人間観によっています。

人間は肉体と霊魂を持っていて、それはしばしば分離する、と、かつての日本人は考えていました。死の場合だけではなく、生きているときも、霊魂が肉体をはなれて、ふらりとどこかへ行くというのです。そして死は、その分離がたいそうながい期間になっている状態だと考えていたようです。つい近年もそれを信じて、体からはなれた霊魂を拾いに行ったり、占なって探してもらったりしていた地域がありました。また、亡くなった子が結婚適齢期となったので、花嫁人形をこしらえて、霊魂の結婚式をした家族もあります。

各地の民俗をたずねると、いくらでもそのような話を聞くことができます。今日といえども信じている人びとがいるのです。たとえば子どもがどこかでころんだりすると、その場へ行って、落とした霊魂を身につけるまじないをしないと、子どもがかわいそうで落着けない親とか、眠っている子を勝手に動かすと霊魂が体にもどれなくなると叱る人とか、霊魂が旅をする話とか、いつぞやは霊魂が魚や河童の霊と会ってきた話も聞きました。

これらは、異常な精神状況をさしていっているのではありません。ごく常識的な日常生活での人間観です」(24)。

このような、霊魂を中心とした「人間観」は日本人のなかに強くあって、百年ほど前までは文字通りそのように日本人は生きていました。柳田國男は、前出の「死の親しさ」も収められている『先祖の話』のなかで、日本人古来の霊魂観・死生観とは、人は死ねば子や孫たちの供養や祀りをうけてやがて祖霊へと昇華し、故郷の村里をのぞむ山の高みに宿って子や孫たちの家の繁盛を見守り、盆や正月など時をかぎってはその家に招かれて食事をともにし交流しあう存在となる。生と死の二つの世界の往来は比較的自由であり、季節を定めて去来する正月の神や田の神なども実はみんな子や孫の幸福を願う祖霊であったと考察(25)しています。私たちの心のなかに、このような意識や、それをベースに仏教的な影響や武士道の死生観が加わった考え方・とらえ方が生き続けていることは、それなりに納得できます。どんどん形骸化してきていることは否めませんが、今でも盆と正月をはじめとするさまざまな先祖供養の形は私たちの生活のなかにありますし、「亡くなった人や祖先の霊」とのコミュニケーションというものも、今風にアレンジされながらも、世代を超えたさまざまな文化形態のなかで廃れる様子もなく生き続けています。西洋流の考え方や意識がどんどん取り入れられていても、日本人が生きること死ぬことを考える時に、今でもその影響は小さくありません。そのことは、たとえば臓器移植における脳死問題というような、極めて現代的な最先端医療に対する現代日本人の意識のなかにも、クッキリと表れているのです。

しかしその一方で、古来からの死との関わりとは決定的に異なる流れをたどってきている側面があります。

「江戸の初め以来、われわれは社会から死体を隠蔽した。典型的にはまず、死体を扱う職業を、身分制度の外に置いた。…（中略）…この背景にあるのは、さまざまな社会的な「進歩」に伴う、思想の変化である。それを短く、私は『脳化』と呼ぶ。脳化する社会は、その域内から、自然物を徹底的に排除する。その第一は死体である。なぜなら、死体は典型的な自然物だからである。われわれの社会は、その頃から自然物としての人体を、いわば徹底的に排除したのである。その禁忌は、脳の機能を除く、身体のすべてに及ぶ。性と暴力は、徹底的に管理される。帯刀が特権となり、岡場所が生じるのは、偶然ではない。性も暴力も、人体の自然性を明白に示してしまうからである。…（中略）…

『日本人の死生観』といったようなものは、ある意味では存在しない。なぜなら、鎌倉時代から戦国時代にかけての日本人は、江戸時代の人間とは、おそらくまったく違った死体観を持っていたからである。鎌倉時代の絵巻や六道絵に描かれる死体の姿は、それを明瞭に示す。そうした絵が、すでにわれわれの目にほとんど触れないこと自体が、時代の推移を表している」[26]。

西欧でも、遺体、すなわち人間の死体を社会から隠蔽してゆくプロセスがあったということについては、すでに触れました。そして、それと並行して、死が心情的なものになってゆくプロセスがあったことも。

「…近代の暮らしに入ってからは、一般に、近親者の死をみずからたしかめることをしなくなっていました。それは医者によって確認され、法的にみとめられて決定するものでした。そうせねば戸籍から消してもらえないものなのです。

医師が署名した死亡診断書か、事故のときであればその死を確認する医者の検案書がなければ、遺族であっても、死者を勝手に処理することができません。

おかげで、一般人は死そのものを確認することなく、ひたすら死にゆく者との心をかたむけた別れができるようになっていました。そのために死は、たいそう心情的なものになりました。身体に死が訪れたかどうかを、覚めた目でみつめる必要がなくなったのです。あなたまかせで、ただただ死にゆく者の人格へ語りかけます。ともに生きたことへの感謝と別れとを。それは医者が『ご臨終です』と告げても、なお死者に生の余韻がのこるまで。

死体の処理も他の人の手ですみやかにととのえられて、遺族がかなしみに倒れているあいだに、死者は通夜からはじまる儀式の主人公になります。それはのこされた者にとって、どのように心なぐさむことか……。

近代人はあまえっこになりました。

死を、ひたとみつめる時間も空間も、ほとんどありません」(27)。

私は、はからずもこの文章のはじめで、遺体への対応の難しさに触れました。命が消えて温度を失ったタンパク質として、冷たく固く、着実な変化を遂げてゆく命無き身体への対応はさまざまな共同体的形式に力を借りて対処し、故人が生きていたときのやりとりは、その人への愛着と共に鮮やかに生き続けてゆくのが、人間の人間らしい「死」の迎え方、送り方だったように思う、とも述べました。

しかし、そのこと自体をも、問い直してみる必要があるのでしょうか。

6　新たな位相、「死を育てる」

当然のことながら私自身、近代的な日本の死の送り方、迎え方しか知りません。ですから、おおむねそのような方法が、好ましいのだろうと何とはなしに思っていました。しかし、駆け足で過去のさまざまな時代における死のとらえられ方をみるなかで、当たり前のことではありますが、今様の死の迎え方・とらえられ方が当然のものと思うこと自体を見直してみる必要性に、どこかでハタと気づかされたのです。だからといって、死を昔のようにとらえればよいとか、日本人古来の視点に戻ってといったことでは勿論ないでしょう。私たちが今立たされている局面は、昔にさかのぼることで答えが見つかるほど、たやすいものとは思えません。

たとえば、一日一〇〇人という自殺者の数。当然それに伴って、自死遺族の方の数も増えているはずです。けれども正直、今ひとつピンと来ないような現状があります。今、これらの「死」の周りから伝わってくることは、どれもあまりにも無機的です。私はこの文章の冒頭で、高齢者不在問題に触れ、「奇妙で、不気味な事件」と述べました。「身近な人の死に対応するための伝統的な方法が機能しなくなっている。これは大変なことだ」とも言いました。遺体のごく近くで日常生活を送る。現代的な常識から考えて、これ程「異常」なことはないかもしれません。また、毎日一〇〇人が自ら命を絶ち続けている日本の状況は、すでに幾度となく「異常」なものであると報じられてきました。

身近な人の遺体を側に放置し、結果的にその傍らで暮らし続けること。

毎日一〇〇人が何も言わずにこの世から消え、周りは何もなかったように暮らし続けるしか術がないこと。

そこには、今やどのように関わればよいのかもわからなくなっている死との、どうしようもない断絶が、そのままに現れているようです。その表現があまりにも非日常的で無機的で、私たちは受け取る術を失いかけています。

数知れない人たちが自らの死をもって表してくれているもの、また、消えていった人の周りで行き場のない思いを胸に抱えたまま生きる人たちに宿っているもの。それらを見つめ、触れて、受けとめ、味わい、対峙し、繋がってゆきたいのです。そこから何が生まれ、育ってゆくのか、定かではありませんが、「死を育てる」道行きへと踏み出してゆこうと思います。秋田先生の「死を育てる」への思い、私自身のなかにあった予感、それらが交錯しながら伝搬し始め、四人の貴重な先生方の賛同を得ることができました。シンポジウム「死を育てる」は、こうして二〇一〇年一一月七日、開催されました。

文献・注

(1) 二〇一〇年七月二九日　朝日新聞社
http://www.asahi.com/special/playback/TKY201007290276.html
(2) 養老孟司「死と死体」多田富雄・河合隼雄編『生と死の様式』誠信書房　一九九一年　三七-三九頁
(3) 同書　三八-三九頁
(4) 二〇一〇年八月二八日　共同通信

http://www.47news.jp/CN/201008/CN2010082801000439.html

(5) 法務省によると、戸籍上は生存しながら所在不明の一〇〇歳以上の高齢者は全国で二三万人以上とされた。
http://www.moj.go.jp/MINJI/minji04_00008.html

(6) 図録 自殺率の国際比較　二〇一〇年一一月三〇日
http://www2.ttcn.ne.jp/honkawa/2770.html

(7) 阿部謹也「死者の社会学」『ヨーロッパを読む』石風社　一九九五年

(8) アリエス、フィリップ　伊藤晃・成瀬駒男訳『死と歴史―西欧中世から現代へ』みすず書房　二〇〇六年

(9) 同書　二三頁

(10) 同書　二四頁

(11) 同書　三五頁

(12) 同書　三六頁

(13) 同書　四〇頁

(14) 阿部謹也『自分のなかに歴史をよむ』筑摩書房　一九八八年

(15) アリエス、フィリップ　前掲書　五一頁

(16) 同書　七〇頁

(17) 同書　七一頁

(18) 同書　七三頁

(19) 同書　七四頁

(20) 同書　二六三頁

(21) 同書　二六六頁

(22) 同書　二八四頁

(23) たとえば、図録 自殺率の国際比較　二〇一〇年一一月三〇日

http://www2.ttcn.ne.jp/honkawa/2770.html
(24) 森崎和江『大人の童話・死の話』弘文堂 一九八九 一一四頁
(25) 柳田國男 解説『柳田國男全集13』ちくま文庫 一九九〇 七三四頁
(26) 養老孟司 前掲書 四〇頁
(27) 森崎和江 前掲書 二四頁

第一章　人はなぜ自殺するのか

秋田　時間となりましたので、そろそろ始めさせていただきたいと思います。本日は「死を育てる」という言葉を選択いたしました。これは故・多田富雄先生の言葉です。多田先生は二〇〇一年に重い脳梗塞を患われて、手足が不自由になられました。しかし残された機能を懸命に使って発言をし続けられた、自分の生を全うしようとされ続けた、そのような状況から生まれた言葉かと思います。これは放っておけないと思いました。厚かましいことながら、この言葉を育てさせていただかないといけないと感じました。そこで、本学教授の金山由美先生にご相談申し上げたところ、驚いたことに、即、賛同してくださいました。「凄く大事なことかもしれない」と。そうして、本日のすばらしいメンバーを集めることができることとなったのです。

まず最初に、渡辺洋一郎先生にご講演をしていただきます。先生は、大阪精神科診療所協会会長・渡辺クリニックの院長であられ、他、多数の要職も兼務しておられます。

それではよろしくお願いいたします。

渡辺　こんにちは、渡辺です。今、秋田先生からご紹介いただきましたが、私は精神科の医者で開業してもう二二年になります。茨木で開業しており、開業当初から心理カウンセラーの人と一緒に仕事をしようと、亡くなられました河合隼雄先生にお願いして、山中先生、岡田先生をはじめとして何人かの先生にご協力いただき、カウンセリングルームをクリニックに併設し、連携した治療をすでに二〇年しております。現在常勤のカウンセラーが二名と非常勤のカウンセラーの先生が約二〇名おられます。京都文教大学の先生方にも多数ご協力をいただいております。そういうことで、心理の先生方とは非常に馴染みがあるのですが、今日は精神科の医者という立場でお話をさせていただきます。私は今、内閣府が作っております、自殺対策推進会議の委員もしておりますので、その立場も含めてお話しします。自殺を考える―精神科医の立場から―というタイトルにさせていただきました。「死を育てる」というシンポジウムですが、とりあえずこの講演におきましては死を育てるという話が、どこまでできるかわかりませんでしたので、自殺を考えるというタイトルにしております。自殺という言葉が自死という言葉に置き換えられようとしておりますが、法律用語が自殺しかなく、自死というのはまだ法律用語になっていないということもあるため今回は自殺という言葉で統一しております。では早速お話させていただきます。

1　自殺の概要

総論的なお話です。死因の順位というのは、先生皆様方よくご存知のことだと思います。平成二〇年の統計でも一番が悪性新生物、癌などですね。二番目に心筋梗塞、心疾患。三番目が脳血管疾患。四番目に肺炎。で、五番目に不慮の事故です。ただ不慮の事故といいましても、このなかで交通事故というのは、もう四分の一、五分の一なんですね。どんな事故があるかというと、転落など一般的な事故が非常に多いようです。それから六番目が老衰です。数年前までは老衰と自殺とが逆だったのですが、現在は老衰が六番目になって、七番目が自殺ということになってます。全体の死因のなかで第七番目なので、これだけでも非常に自殺というのが多いということがおわかりだと思うのですが、もっと驚くべき数字は、年齢階級別の死因の順位です。まず男性では、二〇歳から四四歳の死因の第一位が自殺なのです。今ここにおられる二〇歳から四四歳の間の男性、手を挙げてみてください。二〇から四四歳、何人かおられますよね、あなた達、あなたが今亡くなるとしたら、一番確率が高い死因は何でしょうか。それは自殺です。二〇歳から四四歳の男性は自殺が死因の第一位なのですから、確率からいくと、今亡くなるとしたら自殺で亡くなる確率が一番高いということになります。女性ではもう少し若いところに下がります。一五歳から三四歳で死因の第一が自殺です。こちらに来られている学生さんが今、亡くなるとしたら自殺で亡くなる確率が一番高いということなのです。この位、自殺はポピュラーなものになってしまっているということです。

じゃあ世界的に見るとどうか？　日本よりも自殺率が高いところがあります。これは北の方の国々です。旧ソビエト。この辺りが何故自殺が高いのかというのはいろいろいわれていますが、一つにはアルコールの問題がある。アルコールの消費量が多いところで自殺が多いといわれています。しかし主要先進国の自殺死亡率を見てみますと、どうでしょう。確かにロシアが高いのですがそれ以外ですと日本が高いのです。主要国のなかで日本は非常に自殺が多い国です。いろんな理由が考えられておりますが、やっぱり宗教の問題が大きいと考えられます。キリスト教では自殺は悪とされています。

自殺すると天国に行けない。そういったこともあるでしょう。日本では、どちらかというと、自殺というのは、これまでむしろ潔しとされてきたという文化の問題もあるかもしれません。

次に、自殺の原因、動機が調べられております。平成二〇年に自殺された方三二、二四九名。そのうち自殺の動機が特定できた人が、二三、四九〇人です。これはどういう方々かといいますと一つは遺書が残されている人。その遺書を見て推測する。もう一つは、ご家族にお話を聴き推測をします。ただし、必ずしも正確ではありません。ご家族がどこまでその方のことをわかっていたかということがあります。また、誰が聞くのかといいますと、現場にかけつけた警察官です。現場に来た警察官が判断をすることになりますから、専門的な見方ではありません。たとえば、ご家族が「最近この人は借金問題で悩んでいたよね」というと、借金苦による自殺と単純に分類されるということもあります。実は平成一八年までは、原因は一つに特定するということになっていました。ところがその後自殺に追い込まれるというのは、一つの要因ではない。もっと複数の要因から、自殺に追い込まれていくということが明らかになり、平成一九年からは三つまで計上することになりました。たとえば、借金で苦しんでいる間に、家族関係が悪くなって、そうこうしている間にうつ病になってしまった。そのような場合ですと、家族関係と借金とうつ病、三つを計上できるようになったということです。データを見てみますとすべての年代層で一番は、「健康問題」です。高齢の方で健康問題というのは何となくわかるのですが、若い世代でも健康問題が第一位になっています。三〇代、四〇代、五〇代、六〇代になってくると、経済生活問題が高くなります。また、若い世代では学校問題もけっこう高いということがわかります。次に、健康問題の内訳を見てみますと実は「うつ病」が随分多い、半分近くおられます。それから統合失調症、アルコール依存症もけっこう多いです。体の病気の悩みというのは三三・八パーセントになっております。それから経済生活問題の内訳を見てみますと、多重債務の問題が随分多いのです。皆様もいろいろなところでお聞きになると思いますが、多重債務の問題が実に多い。借金をして多重債務を抱えてしまうのは、昔はかなり特殊な人達、たとえばギャンブルで使ってしまう人達でした。たしかに今でもパチンコ依存などギャンブル依存で借金を抱えるという人も多いのです。一方で、まったく普通に生活してる人が給料が安いために、その生活費を補うために、借金を少しずつ重ねてしまって、多重債務に陥ってしまうという、そういう人達が私の患者さんのなかにも、かなりあります。ワーキングプアの問題が随分関係しているなと日常の臨床から思っております。いずれにしろ、この多重債務の問題、さらに多重債務以外の負債の問題。それから生活苦の問題、事業不振の問題、こういったものが随分多いということがわかります。いずれにしろ社会の問題に非常に密接に関係しているところです。次に、勤務問題。勤務問題での自殺の内訳を見てみますと、多いのはやっぱり仕事疲れです。過労自殺がこの中に入ると思います。それから職場の人間関係、こういったことも多いことがわかります。

少し視点を変えますが、平成一四年に厚生労働省が研究班を作って、一般住民のメンタルヘルスの調査を行いました。トレーニングを受けた調査員がいくつかの市や町の住民全員に聞き取り調査を行いました。その結果、気分障害は罹病率が約九パーセントでした。一般住民の約九パーセントが気分障害の経験が調査時点までにあるという結果でした。その他不安障害が約一〇パーセントで、トータルすると約二割、一般住民の二〇パーセントの人が、何らかの精神障害の経験があるということがわかりました。これはインターネットでも調べられると思いますので、見ていただけたらと思いますが、この調査を行った時に地域住民における自殺行動も一緒に調査をしたのです。これまでに自殺を真剣に考えたことがある人、自殺を計画したことがある人、さらに自殺を試みたことがある人がどの位あるかを調べた。そうしますと、自殺を真剣に考えたことがある人が一一・三パーセント。自殺を計画したことがある人は二・一パーセント。自殺を試みたことがある人は二・四パーセントという結果でした。自殺というのは計画せずに、いきなり衝動的に生じることがあるので、計画した人よりも試みた人の方が多いのです。二・四パーセントという数字をどう思われますか。この調査は二〇歳以上の人を対象に行った調査で、日本全体で二〇歳以上の人はちょうど一億人位です。その一億に当てはめますと、二四〇万人の人が自殺を試みたことがある。二一〇万人は自殺を計画したことがある。そして一、一三〇万人の人が、自殺を真剣に考えたことがある、という結果なのです。この位自殺というのは身近な事柄になっているということです。というお話を前置きにしまして、じゃあ自殺は、何故起こるのか？　自殺の経緯を考えてみます。少し精神医学的な見地からの話になります。

2　自殺の経緯を考える

事例　Aさん

Aさんは五八歳の男性でリストラのために退職を余儀なくされた。仕事を探し職安などを頻回訪れていたが仕事は見つからず、やがて雇用保険の打ち切りの日が近づいてきた。Aさんは焦るが仕事は決まらなかった。そうこうしているうちにだんだん絶望感が強くなり、何もかも面倒で生きていくことさえわずらわしく感じられてきた。そんなある日、いつものように職安に行くも仕事は見つからず、ふと見ると近くにビルがあった。Aさんはとり憑かれたように最上階まで上がった。そして屋上に出ようとしたが、出られなかった。そこで窓ガラスを叩いて割ろうとした。割れれば、そこから飛び降りるつもりだった。しかし幸い窓ガラスは割れなかった。そのためAさんはあきらめて自宅に帰った。その頃にAさんの様子がおかしいことに家族も気づき、医者へ行くことを勧めた。しかしAさんは自分がこうなっているのは仕事がないためだから医者へ行ったところで何の解決にもならない。精神科に行くなんてことが知れたら、近所の人の物笑いの種になるといって、頑として医者には行かなかった。しかしあまりにもAさんの様子が元気がなく、死ぬしかないと時々漏らすようになったため、心配した家族が無理やりのようにして、私のところに連れて来られました。来院された時Aさんは非常に表情が硬く、思いつめた様子で会話もなかなかできなかった。断片的ながら何とか問診をしたり、家族からお話を聴いたところ、最近は眠れないからとアルコール量が増えている、食欲がなくて痩せてきている、テレビなどこれまで興味があったことにも興味がなくなり、何事も楽しめない、イライラして落ち着きがない、そしてもうどうやっても上手くいくはずがないという絶望感、さらに死のうと思っている、ということがわかりました。Aさんは、これは仕事がないからであって病気でも何でもない、だから治療しても変わるはずがないといって、私の説明にもほとんど反応されず頑なな態度でした。しかし精神医学的にいうと、明らかにうつ病の診断基準を満たした状態であったので、死にたくなっても絶対死んではいけないこと、とにかく一カ月は仕事のことも死ぬことも棚上げにして治療を受けてもらうように説得しました。幸いご家族が理解して交代でAさんに付き添うということでしたので入院はせず、自宅で治療することになりました。Aさんに対して私は抗うつ薬や、睡眠薬を処方しました。Aさんは半信半疑、薬で治るわけがないと言いながらも何とか服用してくださいました。そうしたところ、間もなく眠れるようになり、少し気持ちが変わったようで、僅かながら話ができるようになりました。一カ月位した頃には家族と会話するようになり、イライラしなくなってきます。二カ月目位には気分が大分変わりました、死のうとは思わなくなりましたと話し、表情も出てきます。四カ月目には活気も戻り、仕事をまた探してみるというようになりました。しかし今回は以前とは違って、「探すだけ探してみます、どうしても見つからなければ仕方ないですから、見つかるまで福祉のお世話になることも考えます。なにも死ぬ必要はないですからね。昨年は追いつめられた感じで死ぬしかないと思っていました。今から思うと不思議です」といわれます。初診時とは人が変わったようになっており、ご家族はこれが元々のAさんだといわれます。眠れるようになったこともあって、アルコールもほとんど飲まなくなりました。二年経った現在、Aさんはまだ仕事を探しています。仕事はないままなのですがうつ病が治り、周りのことが見えるようになったAさんは、家族で力を合わせて暮らしておられます。

このケースは失業、リストラ、生活苦、さらに家族関係も悪くなり、アルコールも増え、そういった状況から医学的にいうとうつ病の状態まで落ち込んでしまって、うつ病のために自殺念慮が強まり、冷静な判断ができなくなって自殺をしようとした。Aさんはこれは仕事がないからだ、と考え医療にはなかなかかからなかったわけですが、なんとか薬を飲んでいただいて、うつ病の部分がよくなった。

うつ病の部分がよくなると、仕事はないまま、何も環境が変わってないにもかかわらず、あぁあのとき死ななくてよかった、死ぬことないですものね、という状態に戻ってこられたというケースです。

事例　Bさん

この方の手記の要約です。

大学卒業後、希望した今の会社に入ることができた。自分にもし誇ることができるものがあるとすれば、責任感の強さ、目の前のことから逃げないことだと思っていた。入社七年目の頃には経験を重ね、いい仕事ができるようになった。仕事の性質上、休日や夜間早朝の呼び出し、それに宿直勤務もある。ひと月の残業は常に一〇〇時間を超え、午前一〇時から翌朝四時までなどという勤務が続き、残業が二五〇時間を超えた月もあった。いつ呼び出しがあっても対応できるように、ポケットベルと携帯電話をビニール袋に入れて、風呂場に持って入っていた。一年ほど前特に忙しくなり東奔西走の毎日であった。そのころ体調を崩し、急性胃腸炎で入院した。体力に自信があった自分がまさか入院するなんて考えたこともなく、少なからずショックを受けた。この頃から体力面だけでなく精神面でも疲れを感じるようになった。しかし、退院後も、昼夜休日を問わず走り回っていた。酒を飲んでもまったく酔わない。そしてどんなに疲れていてもなかなか眠れない。そんな日々が続いた。そこへ非常に困難なトラブルが生じ、かなり追い込まれていた。自分の仕事なので、できないなんて絶対いえない。自分がやらなければ事は前に進まない、自分が何とかしないと…。一方で「逃げたい」、一瞬だったがそんな考えが頭をよぎった。そのうちにフッと、死んだら誰も自分を責めることはしないだろうし、楽になれる。そのことしか考えられなくなった。とにかく自分が自分であることが嫌になった。すべてをもう一度リセットしたい。すべきことは決まった。遺書を書いた。月曜日の朝、新聞や雑誌を括るビニール製の紐、大量の精神安定剤を買い求めた。そして、遺書を書いた。職場の上司や同僚への詫び、父母や兄弟への詫びなどを書き連ねた。大量のアルコールと共に、大量の精神安定剤を飲んだ。やはり死にたくない、死ぬことは怖い、そんな思いを紛らわせるためだったと思う。気がつくと陽が傾き始めていた。お父さん、お母さん、すみません。もう一〇数年も使っていない、お父さんお母さん、という言葉を繰り返しながら玄関ドア上のドアクローザーの部分にビニール紐を何重にもくくりつけ、脚立に登り、首を吊った。涙が出た。

この方は実際にこのまま首を吊られました。連絡がつかないため心配して訪れた会社の方が彼を発見しました。五、六時間経っていたのですがまだかすかに脈があったのでＩＣＵに運ばれました。しかしＩＣＵの先生にはあきらめてくださいといわれたとのことでした。ところが奇跡的に回復し後遺症もまったくないところまで回復されました。これは典型的な過労自殺だと思います。もともと真面目ですごくしっかりされた人で、仕事も頑張って頑張ってやってきた人です。過労自殺のときによくあるようですが、ちょっとした挫折体験がきっかけになります。この方は急性胃腸炎での入院を余儀なくされました。「体力に自信があった自分がまさか入院するなんて考えたことがなくてショックを受けた」とあります。この辺りからうつ状態、うつ病になっていると思われます。でも頑張らねば頑張らねば、と仕事を続けておられるうちに、ほんとに追い込まれてしまい逃げたくなってしまう。怖いのは、「一瞬、逃げたいという気持ちがよぎった」、そしたらすぐ「すべきことは決まった」と一気に自殺まですすんでしまうところです。この方はたまたま奇跡的に助かったのですが、こういった形で自殺されてる人が随分あるのではないかと思います。このような自殺をどうやったら防ぐことができるのか。医療はまったく介入できません。これは大きな問題です。これを防ぐにはやっぱり労働管理しかない、こんなに働かせてはダメなのです。医療も心理も介入のしようがない、労務管理のところで、何とかしないといけないのだろうと思います。

自殺とメンタルヘルスのことをまとめますと、生命的に危険性の高い手段によって自殺を図ったものの、幸い救命された人について調べてみると、実は自殺を図られた時点では、うつ病、統合失調症、アルコール依存症などの精神疾患の状態であった人がほとんどであったという調査結果があります。事例に示しました二人も精神医学的に見ると、うつ病という診断がつきますが、精神疾患のなかでもうつなどの割合が高いとされています。つまり自殺は自由意志に基づく行為というよりは追い込まれての死であり、うつ病など精神的病気の症状であると考えられます。ところが、自殺した人の大多数が精神保健の専門家を受診せずに最後の行動に及んでいるという調査結果もあります。したがってメンタルヘルス不調に早く気づき、早期に適切な治療を行うことが自殺予防の大きなポイントであるといわれております。自殺に至ってしまう過程を、模式的に表すと、その人がもっている個人的な要因がまずあります。そこにさまざまな社会的な要因が加わってきます。さらには身体的な要因や心理的な要因なども加わってくる。ここでストレス反応が起こります。これは誰にでも起こる反応です。さらに、個人的、心理的、状況的な因子の強い人はもう一歩進んでしまう。いわゆる当たり前の反応、当たり前の心理的レベルでの反応を超えてしまって、病気としての反応まで進んでしまい、うつ病などの精神障害が起こってしまう。さらに追い詰められて判断力をなくして、唯一の解決策が自殺しかないと思い込んでしまわれる。こういった状況によって自殺が起こってくるのだろうと考えられます。

自殺を図られた時の精神状態をＷＨＯが一〇年も前に一万五千人という大きな数で統計を取っています。これを見ますと気分障害が約三〇パーセント、それからアルコール依存を代表とする物質関連障害が一七・六パーセント。そして統合失調症、パーソナリティ障害、その他で、九八パーセントが何らかの精神医学的な診断がつく状態であるということがわかっております。日本では七割位がうつ病だといわれますが、アルコール依存をベースにしたうつ病、パーソナリティ障害をベースにしたうつ病の人が随分あります。これらの方々も日本の統計ではうつ病のなかに入れられていると思います。また統合失調症も日本のデータでは少ないのですが、統合失調症の人も亡くなる時は、幻覚妄想といった急性期の症状からではないようです。現在では急性期の症状は比較的速やかに改善するようになってきたのですが、その後に何ともいえない虚無的なうつ状態が続き、そういったなかで自殺される方が多いのです。このような場合にもうつ病とされている可能性があります。統合失調症のうつ状態にある人を支えるためには、就業支援をしていくとか、社会のなかで統合失調症の人をいかに支えていくかという社会問題として、考えていく必要があります。統合失調症とかアルコール依存症にももっと焦点を当てていかないといけないと思っております。いずれにしろうつ病が多いというのは確かです。

3　うつ病とはどういう病気か

そこで、うつ病というのはどういう病気かということになります。今、こちらにおいでになっている学生の方、皆さん方に「うつ病って知ってますか？　知ってる人手を挙げてください」といったら大抵手を挙げられると思います。どこの市民講演会でも、会社の職場のメンタルヘルスの講演会に行っても皆手を挙げられます。そこで、次に、「嫌なことがあって落ち込む、たとえば、昨日、彼氏と喧嘩して落ち込んじゃった、あるいは阪神タイガースが負けて落ち込んじゃったという、嫌なことがあって落ち込むのと、うつ病で落ち込むのとの違いがわかる人、違いが説明できる人、ちょっと手を挙げてみてください」というと、ほとんど手が挙がらないのです。どこの講演でもそうです。下手すると保健師さんの集まりでも手が挙がらない。ここが一番の問題で、うつ病というと、何かわかった気になっている。ところが、嫌なことがあって落ち込むのとうつ病で落ち込むのの違いがわからなければ、うつ病がわかったことにはならない。彼氏と喧嘩して落ち込んでいます、阪神が負けて落ち込んでいます、これがうつ病ですか。これがうつ病なら、みんな、いつもうつ病ですよね。となると、本当のうつ病がむしろ薄められ、本当のうつ病の苦しさがわからなくなってしまいます。つまりうつ病というのは、日本人はわかった気になっているが本当のところはわかっていないと思います。そこで改めて、うつ病というのはどういう病気かということをきちっと理解していただく必要があると思います。少し医学的な説明になって異論のある方もあるかも知れませんが精神医学的に説明します。うつ病にはその人のもっている体質・素因、そこに性格も関係しています。そこにいろいろな心理的なストレス、さらに身体的なストレスもかかってくる。そして多くはきっかけがある。慣れ親しんだ環境や秩序の変化、たとえば仕事一途にきた人が定年退職するとか、子育て一途にきたお母さんにとって、子ども達が巣立っていってしまうとか、あるいは引っ越しというのもそうでしょうし、あるいは異動、経理部から営業に変わる、そういったこともきっかけになります。そういった慣れ親しんだ秩序、環境の変化がきっかけになって、うつ病というものは起こってきます。うつ病になると何が起こっているのか。実は脳のなかでセロトニンとかアドレナリンといった神経伝達物質の働きが悪くなっている、ということがわかってきています。そのためにいろいろな感情症状、欲動の障害、睡眠・休息機能、自律神経障害、内分泌障害が起こってくるといわれています。あえてこんなことを示したのは何故かといいますと、うつ病というものを病気のレベル、いわゆる疾患のレベルで考えると、我々は脳のなかの機能障害が起こってしまったものをうつ病という疾患概念でとらえているということなのです。嫌なことがあって落ち込む、彼氏と喧嘩して落ち込む、試験で失敗して落ち込むといった、心理的レベルのうつ、勿論これはいっぱいあるのですが、これは一般的な心理反応としてのうつであって、誰にでも起こるうつです。ですから､病気という概念ではとらえないのです。心理的レベルを超えて、脳の機能障害にまで陥ってしまったものをうつ病という概念でとらえているわけです。この差は大きくて、たとえば、職場のメンタルヘルスでいいますと、経理部から営業に移った、その営業の仕事がなかなか自分に合わない。そのために不安になる、憂鬱になる、というレベルの人であれば、経理に戻してあげればすぐ元気になる。ところが、経理から営業に移って、やはり合わない、しんどい。だけどしんどいのを無理してやっているうちに、脳の機能障害にまで陥ってしまう、うつ病のレベルにまで陥ってしまった人は、慌てて経理に戻したとしても、すぐにはよくならないのです。脳の機能障害にまで陥ってしまっていると、これはよくなるまでに何カ月間かかかってしまいます。という意味で心理レベルでのうつと、身体レベルのうつ、これは分けて考えなければいけないということです。身体の病気にたとえますと、心配事があって胃が痛いとか、難しい上司が居て胃が痛い、試験ばかりあって胃が痛いというようなことはよくあります。だけど胃カメラを飲んでも別に胃に穴は空いてないことが多いのです。これは俗に神経性胃炎といわれたりしますが、心理的レベルの症状です。ところが、そういうストレス状況が続いている間に胃に穴があいてしまったら、これは胃潰瘍です。胃に穴があいてしまったら、身体的レベルで胃潰瘍の治療をしないとよくなりません。これと同じようなことです。うつ病という病気としてよぶ場合には、心理反応のレベルを超えてしまっているものだということを頭に入れておく必要があると思います。そのレベルにまで至ったものを、本来のうつ病とよぶべきであろうと思っております。

ところが、そのうつ病の発見が難しい、たとえば過労であるとか、大きな失敗であるとか、経済的困窮、失恋、対人関係のもつれ、身体疾患、いろんな一般的な出来事に対する反応として、疲労であるとか、不安、落ち込み、不眠、食べられない、だるい、頭が重い、こういった身体症状、こういった反応が起こってくる。これはほとんど当たり前じゃないですか。ほとんど当たり前の反応なんですね。ところがこのなかに、当たり前の反応を超えてしまって脳の機能障害にまで至ってしまっているうつ病の人が混じっている。この区別がとても難しい。そのために医療に繋がらない、ということがよくあります。じゃあ、こういった人達をどうやって見つけたらいいのかという話になるのです。これも専門的になって申し訳ないんですけど、一応うつ病の診断基準というのがあります。これはたくさんのデータから見つけられたものなので、ある程度信憑性がある、エビデンスがあるだろうと思います。すなわち当たり前のうつ状態、心理反応としてのうつ状態を超えて、病気としてのうつ病、脳の機能障害にまで至ってしまっている人を区別するための基準ということになります。憂鬱な気分、または興味や楽しみを感じない状態がほとんど毎日終日二週間以上続く。さらに以下の内四つ以上が二週間以上続く。体重減少、食欲の低下、睡眠障害、イライラ感、疲れやすい、価値がないと感じる、思考力・集中力の低下、死について繰り返し考える、など。これらは皆さん方知っておられるのですが、一番大事なことはどこかというと、憂鬱な気分、または興味や楽しみを感じない状態、これは誰にでも起きることなのです。ただこれが、朝から晩まで毎日二週間以上続く。ここなのですね。たとえば仕事で失敗した、試験で落ちちゃったなど嫌なことがあったら、誰だって憂鬱な気分になったりあるいは興味や関心がなくなったり、元気がなくなったりする。だけど、土日になって仕事が休みになると、一時的にしろ楽しめる、あるいは彼氏が来たら一時的にしろ楽しめる、デートに行ったら一時的にしろ楽しめる。こういうのはこの定義に当てはまりません。そういったことがあろうがなかろうが、とにかく朝から晩まで憂鬱な気分、興味や楽しみを感じない状態が二週間以上続いている、こういったときには心理的反応レベルを超えて、脳の機能の障害にまで至ってしまっていることが推測されます。ですから、ポイントは毎日、朝から晩まで二週間にわたって続いてくる、これが大事になってきます。それからもう一つのポイントは、病前の機能から変化を起こしているということです。要するに、元々はこんな人ではなかった、元々はこんな人じゃないのに、憂鬱な元気のない状態、それが朝から晩まで一日中、しかも二週間にわたって続いてくる。ここが一番のポイントになります。そういう状態になっていれば、これは心理レベルを超えて脳のレベルにまで至ってしまっている可能性がありますよということなのです。この点を少し頭に入れていただいたうえで、自殺を防ぐために、どうしたらいいのかということを考えたいと思います。

4　自殺を防ぐには

皆さん方もご存知かもしれませんが自殺対策基本法が平成一八年六月に制定されました。このポイントは基本理念のところにある、自殺が個人的な問題としてのみとらえられるべきものではなく、その背景にさまざまな社会的要因があることを踏まえ、社会的な取り組みとして実施されなければならないということです。交通事故で亡くなられる方は皆さん方ご存知ですか、今五千人位です。昭和四五、六年には一万五千人を超えていたのです。そのときには交通戦争勃発とよばれ、国をあげて交通事故死を減らそうとさまざまな取り組みがなされました。たとえば、自動車の改良、今では当たり前ですが、シートベルトやヘッドレストなどが義務づけられたりしました。それで、今や五千人まで減っている。ところが、自殺は実はその当時からすでに、一万五千人位あるのです。増えた増えたと今になっていわれていますが、元々一万五千人から二万人位が自殺されていた、元々多いのです。それが一段と増えて三万人を超えてきたのです。なのに、あまり自殺問題は社会の問題として取り組んでこられなかった。何故かというと、交通事故で亡くなるのは、心ならずして亡くなって、非常に可哀相である。ところが自殺というのは自分で死ぬ、自分で覚悟して死ぬのだからいたしかたない、と考えられていたと思われます。しかしながらそうではないということがわかってきた。さまざまな社会状況などが関係して、うつ病など病気のレベルに追い込まれてしまって、その病気のために亡くなっているということがわかってきた。うつ病の自殺というのは、うつ病のための病死と考えられるということがわかってきたことから、こういった社会的な取り組みとして考えられるようになったわけです。自殺総合対策の大綱が平成一九年には作られております。ここにも、社会的な要因も含めて、総合的に取り組んでくださいと書かれています。自殺は追い込まれた末の死である、自殺は防ぐことができる、自殺を考えている人はサインを発している、というようなことが基本認識になっています。

平成二二年には厚生労働省のなかにプロジェクト・チームができて、普及啓発、ゲートキーパーの充実、職場のメンタルヘルス対策、アウトリーチ、訪問支援の充実、精神医療改革の推進、この五つを柱にしようということになったのです。これを私なりにまとめてみますと、自殺という背景には、まず個人的な要因と、社会状況、地域の環境、職場の環境、教育環境、家族の環境、文化的背景などさまざまな社会的、地域的、家庭的な環境があります。そういったなかで、さまざまな難しい、困難な状況に陥って、うつ病や重度ストレス反応が起こってくる。そして自殺に追い込まれていくのです。我々医療として関われるのは、実はこの部分、病気の手前の部分から何とか病気の人が自殺をしないようにするというところです。医療としての関わりは、かかりつけ医、プライマリーケアの問題であるとか、救急医療の問題であるとか、精神科医療の課題というのはありますが、いずれにしろ我々医者が関われるのは、病気として医療の場に来られてからしかないのです。一方で、早期発見・早期治療が必要になってきます。そのためには市民への啓発、保健医療関係者への啓発、そして病気の人を早く見つける施策が必要となります。たとえば職安に通っている人のなかに、たくさんうつの人がいると思われます。仕事がないために憂鬱になっている。仕事さえ見つけられればと必死になって、職安に通っている人のなかにうつ病など病気の状態にいたっていて、自殺スレスレの人がいると思われます。そのような人を職安の人がキャッチしてくれないといけない。そういった意味で、早期発見のためにはいわゆるゲートキーパー、職安であるとか、生活保護、そういった部門の人達に、もっともっと自殺やうつ病に関する認識、知識をもっていただかなければいけないということがあります。さらに自殺遺族の支援も大事です。遺族の支援が大事だというのは、遺族の方に実は自殺が多いのです。ですから､自殺予防のためにも遺族の方の支援というのは、とても大事になってきます。それからもっとも重要なのは、さまざまな社会状況から、うつ病などに追い込まれてくるわけですから、うつ病にならないような社会を作っていただきたい。そしてうつ病になる手前でいろいろな相談支援システムを作っていただきたい。多重債務・借金からうつになる人が非常に多いのですが、うつ病になる前に何とか手だてを考えていただきたい。多重債務や借金に関して、もっともっと相談できるような支援体制を作っていただきたい。これは行政の仕事です。社会問題としてもっと取り組んでいただきたい。職場の問題、学校の問題、地域での問題、これらの問題にもっと取り組んでいただきたい。自殺予防として盛んにいわれているのは、自殺はうつ病の人に多い、だからうつ病を予防あるいは治療すればよいという点です。自殺対策イコールうつ病対策ということで全部医療の責任のようにいわれます。しかしながら、精神科医療はほんとの水際、最後の最後の砦です。本来はその手前のところで何とかしてほしいのです。もっともっと社会問題として取り組んでうつ病にならないような社会を作っていくというのが、本当の自殺予防じゃないでしょうか。医療に求められているのはメディカルモデルということになります。特に、うつ病になると、早く発見して、うつ病の治療を受けてくださいということです。しかしこれと並行して、コミュニティモデル、地域、学校、家庭で、病気にかかっていない健康な人を対象として病気にならないような対策、対応をする。このコミュニティモデルをもっともっと発展させていただかないといけない、力を入れていただかないといけない。そしてこの両方が密接に連携して、初めて本当の自殺予防に繋がるのだろうと思います。

5　おわりに

ここからは、私の私見を含めてまとめになります。自殺というのは、社会の問題として取り組んでいかないといけないのですが、社会的背景を考えてみますと、一つは現実にあります。経済状況の悪化と失業の増加という問題があります。先行きの不透明さ、先が見えないというなかでの不安というのは非常に大きい。日本人というのは、先が見えるなかで頑張るのはとても得意な民族だと思うのですが、先が見えないときの生き方というのは、とても苦手な民族だと思います。先行きが不透明というのは、日本人にとって、とても生きることが辛い状況だと思います。しかも従来の価値観が崩れている。河合隼雄先生風にいいますと、元々あった母性原理、この母性原理のなかに表面的に父性原理が入ってきて、混乱状態にある。そういった状態になっているような気がします。それから精神への偏見がまだある。どうでしょう、精神への偏見は随分なくなっているといわれていますが、本当にそうでしょうか？　たとえば精神保健センターといっていたのが、こころの健康センターに名前が変わった。精神病といっていたのがこころの病気、精神科といっていたのが心療内科。「こころ」が市民権を得てきたのです。だけど、何故精神という言葉をわざわざ「こころ」に置き換えないといけないのでしょう？　これは逆に精神に対する偏見を助長してないでしょうか。私のところに来る患者さんも、「私は心療内科に来ました、精神科には行きません」とよくいわれます。精神ということに対する偏見は、ほんとはますます大きくなってるのじゃないかと私は危惧しております。それから不景気による過度な要求があります。企業や労働者にものすごく過度な要求がなされている現状があると思います。そしてもう一つ、繋がりというのはとても大事だと思うのですが、繋がりが希薄になって、人が孤立化しやすい家庭状況であり、学校状況であり、職場状況であり、地域の状況ではないでしょうか。先程、篠原先生とお話していまして、孤立と孤独を分けた方がよい、ほんとに自殺に追い込むのは孤立だと仰って、なるほどなぁと思ったのですけど、やっぱり今、繋がりというのは、とっても希薄になってきてると思います。孤立化しやすい状況があると思います。さらに、とにかく勝ち負けにこだわる風潮がある。勝ち組負け組という言葉が盛んに使われる。あるいはお互いにウィン・ウィンの関係になりましょうといわれたりもします。これもやっぱり勝ち負けを意識した概念で、いずれにしろ勝ちか負けかということにとてもこだわる社会風潮になっていると思います。それからもう一つ、これが今日のシンポジウムの本当のテーマに繋がるかも知れません。明るいもののみをよしとする風潮ができてきている。数年前に五木寛之さんの講演を聴きに行ったときに、彼が言っておられたのですが、日本には元々「暗愁」という言葉がある。暗いという字に愁う、これは人間が感じる、何とも言えない、愁い、憂鬱な感じで皆が共通に感じる感情です。この暗愁という言葉は俳句にも詩にも出ていた。それが今は使われない、若い人は皆知らない。実は戦争中にそういう暗い言葉は使うなということになって、使えなくなったのだといわれていました。現代は何か明るいことがすべてよいことで、暗いものを全部否定しているというような文化になってきていないでしょうか。これはどこかで自殺の問題に関係しているのではないかと思っています。孤独と絶望に陥りやすい社会、篠原先生風にいうと、孤立というべきかもしれませんが、現代の日本は孤立と絶望に陥りやすい社会といえるのではないでしょうか。

自殺に追い込む最大の因子は何かと考えると、結局は孤立と絶望ではないか、と私は思っています。うつ病が確かに大きな原因ではあります。しかしうつ病になった人が全員自殺はしていません。うつ病は人口の五パーセントにも及ぶ人がかかりますから、五〇〇万人位がうつ病です。でも皆が自殺で亡くなってはいない。では、うつ病の人が自殺をするのは何故か？　私はこんな風に思いました。人が孤独あるいは孤立、絶望を感じた時にうつ病に陥り、孤立と絶望を確信した時に自殺していくのではないか、と思うようになっています。そう考えると本来の自殺予防とは何か？　人が孤独・孤立と絶望に陥らない世の中を創ることなのだと思います。じゃあどうしたらいいか。実はここに二つ課題があると思います。一つは孤立と絶望に陥りにくい社会を育てること。そしてもう一つあります。これはあまり触れられていないと思いますが、孤立と絶望に陥りにくい人を育てることではないでしょうか。現代の日本は、孤立と絶望に陥りやすい人が育てられ、しかも孤立と絶望に陥りやすい社会になってきて、この両面が自殺の増加に関係していると思っています。
結局は社会と人を育てなければいけない。河合隼雄先生が日本の教育は、「教」の文字ばかりで「育」のところがないという名言をいわれました。私はその通りだと思います。この育てるという部分がない。教育の「育」の部分、社会も人も育ててほしい。人間一人ひとりの違いを受け入れられる、人と社会を育てる。違いを受け入れられるようになれば、偏見というのは自然になくなるはずです。また、繋がりがとっても大事なのですが、実は繋がりを拒否してしまう若い人たちが増えている。繋がりの心地よさと、大切さのわかる人と社会を育てていく必要があるだろうと思います。それから勝ち負けを超えた、人間の命と生きることの価値がわかる人と社会を育てる。そして先程いいましたが、暗いものも受け入れられる人と社会を育てる。こういった社会と人、両方を育てていくということが本当の自殺予防に繋がるのではないかと考えております。ちょっと時間が過ぎました。どうもご清聴ありがとうございました。

秋田　渡辺先生、ありがとうございました。自殺の全体像と、そしてうつ病の中核的なところを、これだけわかりやすく説明しうる先生はほとんどいないと思います。僕も本当に勉強になりました。さらには、渡辺先生の独自のご意見をうかがうことができました。実はこのような形で渡辺先生とご一緒させていただくのは初めてなんです。こんなことを考えておられたんだなぁと。特に僕が印象に残ったのは、差別は、実はむしろ助長されてきているということです。
それでは、次のシンポジウムまで少し休憩とさせていただきたいと思います。

第二章　死を育てるは命を育てる

金山　それでは時間もまいりましたので、シンポジストの先生方のお話に入っていきたいと思います。今回のタイトル、シンポジウム全体のタイトルは、「死を育てる」ということで、普通の感覚ですと結び付かない、並べられない言葉が二つ並んでいます。けれども、最初の秋田先生の挨拶のなかで、「死を育てる」という言葉、その言葉を育てたいという先生のお気持ちとか、渡辺先生のお話のなかにも教育・育てるという視点がすでに出てきているところに、死ということと生きるということが、いかに深く結び付いているかが自ずと表れているのを感じながら、聴かせていただいていました。これから後半の時間、この場で、どのような死が、生と結び付きながら育っていくのか、少しドキドキしながら、会場の皆さんとご一緒に過ごしていきたいと思います。

それでは最初のシンポジストとして、篠原鋭一先生をご紹介させていただきます。篠原先生は、千葉県成田市で曹洞宗のお寺、長寿院を、ご住職として開いておられます。一九九五年から、自殺志願者を救済する活動を始めておられます。その活動が非常に広く知られ、テレビや新聞で報道されるなか、大きな注目を集めておられます。現在は、ＮＰＯ法人自殺防止ネットワーク「風」という活動を立ち上げられて、日々そちらでの活動や、こういったシンポジウム・講演会といった形で全国を忙しく駆け回っておられるなか、今日は時間を割いて、京都文教大学に来てくださいました。それでは、貴重なお話を聴かせていただきたいと思います。どうぞよろしくお願いいたします。

1　自殺志願者駆け込み寺から

篠原　皆さん、こんにちは。千葉県の成田空港から車で二〇分位の小さな村里にある禅寺長寿院の住職をしながら、二〇年間、私は自殺という言葉よりは自死という言葉を使っておりますけれども、自ら命を絶ちたいというような思いをもっておられる一五歳から八二、三歳位の老若男女の方々との対話を続けてまいりました。簡単なメモをずっと書き続けて、今年の一月に、一万枚を超えました。ですから三年分だけ残して、あとは読経しながら、お焚き上げ供養いたしました。これから私のお話することを皆さんメモをする必要はありません。感性で聴いていただきたい。私は研究者でもありません。よく電話が入ります、どういうライセンスをもってますか？　心療内科の先生ですか？　カウンセラーですか？　そういう意味でのライセンスを私はもっておりません。ただ一つだけ、間違いなくキャスティングとしては禅宗の僧侶である。伝統教団の、仏教の一つ、曹洞宗という宗派の僧侶である。こちらの京都文教大学は浄土宗の教えというものが基軸になっているとお聴きしておりますけれども、いずれにしましても、約二〇年間、一万人以上の方とお会いしてまいりました。で、一五年程前に、マスコミが「自殺志願者駆け込み寺」というふうに報道してしまったものですから、対話者が増えました。最初は口コミだったんです。皆さんと同じ位の年齢の若者が私のところにひょっこりと来て、激しい苦悩をもっており、しばらくの間、私のところに滞在しなさいと八カ月間滞在をして、そして死を見つめていた想いが、大転換をして生きるという方向に行って、今、社会に出て印刷会社を興したりして頑張っておりますけど、そういうことがだんだんと口コミで知られはじめて、新聞報道になり、テレビ取材が入り、とうとう「自殺志願者駆け込み寺」という名前、しかも二四時間開けているという報道がなされてしまったものですから、絶え間なく相談が入り、おそらく今も、私の携帯にはどんどんどんどん入って来てると思います。今は切ってあります。と同時に、今日は、ボランティアの人達が、私の寺で対話をしてくださってますから私ここにうかがったのです。平成一二年の頃からですね、この自死を見つめる方々との対話が増えはじめました。電話が一日に少なくとも三件から五件は入ります。土日になりますと、一一件から一五件くらいは入ってまいります。これは夜昼問いません。予約しておいでになる方が一カ月に一二人から一五人位です。これは遠近問いません。私は成田ですけれども、大分からおいでになる方もあれば、北海道からおいでになる方もおられる、沖縄からもいらっしゃる。全国からおいでくださり、ほんとに申し訳ないと思います。勿論旅費もかかりますし、なんたってエネルギー使いますよね、夜行バスでおいでになる。皆さん泊っていただいて一時間二時間三時間、お聴きをします。予約なしの来訪が一カ月に最低、今は二〇人位。

今朝二時のことです。あるお母さんが、これは電話ですが、『住職さん息子を助けてください』と仰った。何だろう?って、『お陰様で縄を切ることができました』、つまり、首を吊ってしまった息子が見つかって縄を切ってしまった。『息子に何か言ってください』『それはできません、そんな場合じゃありません。すぐ救急車呼んで、病院に搬送してください。治療、手当てをきちっと受けてください』、こういう電話が二時頃に入ります。夜中の三時あたりが皆さんお辛いのですね。先生方はよくご存知のことなんですけれども、やっぱりうつ症状であるとかうつ病であったり、いろいろ、辛い思いをされてる方々、私もデータをきちっと取ってるわけではないんですけれども、特徴がありますね。低気圧のときが多いですね。それから雨の日が多いですね。それから夜の、夕方の、五時頃から朝の四時頃までが多いですね。だからそういう形で対話をして一五歳から八〇歳前後、私の場合は、自殺ではなくて自死と言ってますけれども、自死を見つめてる方々と、そしてまことに辛いことなのですが、自死遺族の方々、お嬢さんが、息子さんが、それからご主人が、奥様が亡くなった、自死をされた方々のご遺族の方々とずっと対話を続けております。で、基本的に、先程申し上げたように、二四時間私が行うわけじゃないのですけれども、結果的に二四時間になるんです。心療内科や精神科の先生方は、そういうライセンスをおもちなので、きちっと朝の九時から四時までとか、あるいは一〇時から何時までというふうに決めて診療なさっておりますけれども、我々民間の、相談窓口というのはそういう形はとれません、現場としては。その方にとっては待ったなしですから、二時であろうと四時であろうと、いつでも電話がかかってきます。その時に受けるかどうかという、この覚悟が重要になってくるんです。基本的には私は二四時間体制を採っております。で、携帯もオープンにしています。ですから今も携帯にどんどんと入ってきてると思います。

2　日本のどこかに人々を死へ誘う大きな穴がある？

おとつい、皆さん時々タイトルでご存知かもしれませんけれども、中近東を拠点にして、アメリカやヨーロッパで活躍してるアルジャジーラ＝ネットワークというテレビ局があるんですね。このテレビ局に「どうして日本に取材に来たの」って言ったら、先程、渡辺先生が数字で紹介してくださったけれども、これ程までに一二年間にわたって三万二千人以上の方々が、自ら命を絶っている国っていうのは『世界では日本だけだ』と。『何か日本の国のどこかに、人々を死へ誘い込んで来るような、大きな穴でもあるんじゃないかというふうに思える』と。その穴を尋ねたくって来たと言ったのです。今日はおそらく東尋坊の茂幸雄さんのところか、あるいは南紀白浜三段壁の藤薮庸一先生、つまり日本で自殺防止活動を民間として行っている人達をずっと尋ねて行って、世界的に発信したいということでした。これは国際放送ですから日本では放送されません。インターネットでは入ります。たとえばテレビ朝日だとかＴＢＳだとか、関西では私の番組を二年前だったかに、『ザ・ドキュメント』という関西テレビの夜一二時からやる番組で一時間番組なんですけど、三カ月寺に滞在して、収録しました。放映して五分経つ間に三〇〇本は入ってくるんです、電話が。で、二週間前にご覧いただいた方もあるかも知れませんけれども、スーパーＪチャンネルという、テレビ朝日系なんですが、放映して五分後に三七〇本。その夜のうちに千本かかってくる。それが一週間続くんです。私は、二四時間受けてて、基本的には自死を見つめてる方との対話に絞ってるんですけれども、先程数字を使って先生に説明していただいたように、警察発表で三万数千人だけれども、未遂を経験した方、今ひっそりと、自らの命を絶ちたいという想いで苦悩を抱えている方は、おそらく日本で私は少なくとも百万人以上の方が、同じような苦悩のなかでひっそりと苦しんでおられると思ってるんです。だからこれは見て見ぬふりはできません。記録については個人情報に非常に神経を使いながら、リピーターの方もいらっしゃいますので、たとえ実名ではなくても何とお呼びすればいいんですかとお名前を聴いたり、その日の天候、日時、性別、年齢、居住地、学生か社会人か、中高年かということを聴いてメモしています。

3　とことん聴くことができますか？

皆さん、基本的にこれだけは覚えておいてください。これから皆さんが現場をおもちになったときに、この問題を解決していく活動をするという覚悟をおもちになるのであれば、私の体験から言いますと、まずとことん聴けるかどうかということです。私の活動は、先程渡辺先生に教えていただいて、なるほどなと納得いたしましたけれども、おそらく渡辺先生が仰るところの心理的レベルの方との対話を、私はしてるんだと思うんです。とにかくですね、心理的な問題ですから、自分の苦悩を吐き出すことによって、もう顔色がうんと変わってきます。ですから聴くということになると、とことん聴いてください。それから時間が許すならば時を問わない。私が一番長く聴いたのは一一時間です。午前二時にタクシーのドライバーから電話がありました。『ひとりの女性を乗せてます、そちらに向かってます』、すぐ『わかりました、どうぞ案内してください』。真夜中の四時。四時に着いて、お話するまでに、すぐに「私はこんな苦悩を持ってますよ」という話にはならない。『あのー』とか『実はー』で、一時間位経つことはたびたびあります。お茶をさし上げながらこう、ずぅーっと待つ。私が一番長かったのは一一時間。岐阜県で窓口を開いてくれている仲間は一五時間聴きました。これは決していいことか悪いことかっていう判断は、これはそれぞれ違いますし、工夫が必要ですから、こんなことやってたら、ほんとに倒れてしまいます。たまたまそういう経験があったということなんですが、いずれにせよ、時間が許すのであれば、時を問わないということにしております。それから丸ごと受け止める。「あなたそんなことでは」、「もっと元気を出しなさい」、「他の人だってね、同じような苦しみもってるのに」、これやってしまうと、その方のもっている苦悩を吐き出すという思いが消えてしまいます。抵抗だけが残ってしまって、二度と訪ねて来られません。二度と電話も来ません。すべて丸ごと受け止めることにしてます。それから一五歳から八〇歳と言いましたけれども、友達になることを条件にしています。上下関係は作りません。私は六五歳ですけれども、一五歳の若者とでも、一八歳の若者とでも、必ず私とあなたは友達です。それから八五歳のおばあちゃんともお友達、この関係はずっと守り続けております。で、先程申し上げたように、相談者から先へ向かう言葉が出るまで、相談者の方から言葉が出るまで、私は何にも言わずに黙って聴いて、お茶をさし上げ、「急がなくていいですよ」と伝えます。相談窓口のスタッフがつい言っちゃうんです。ある民間の相談窓口で、自死を考えてる女性が切々と訴えたその時間が、あまりにも長いので、相談窓口のスタッフが、「そんなに死にたかったら死になさい」と言ってしまったのです。これはね、やっぱり相談を受ける側の言葉ではないですね。だから私達は丸ごと受け止めて、相談者から言葉が出るまでは待ちましょう、その言葉を否定しない。

4　社会構造から出てくる孤立

高齢者はこちらから訪問します。夜遅く、一時頃でしたかね。七七歳のおばあちゃんから電話がありました『住職さん、失敗しました』。すぐわかりました。『どうしましたか』と言ったら、『やっと、首を吊ることができる強い綱を見つけたと思ったので、鴨居に架けて』。ご主人は先に亡くなっており、『お父さん、これから逝きますよ』と言って、椅子を持って来て、それに登って綱を引っ張った途端に切れちゃった、とのこと。『住職さん、もっと強い綱を送ってくれませんか』と仰る。泣きながらね。『おばあちゃん、それは私はできない。でも私すぐに会いに行きますよ』。おばあちゃんは花巻の方でした。岩手県の。たまたま仙台でシンポジウムがありましたので、終わって、飛んで行きました。おばあちゃんに聞きました。『どうしたんです?』。『私には三人の息子がいますけれども、五年間一度も会いに来てくれません、私は捨てられたんですよ。捨てられた人間は死んでもいいじゃないですか』、そしてさめざめと泣いて。『じゃあお婆ちゃん、私と友達になりましょう。歳は取っているけれども私を息子と思ってこれからお付き合いしましょう』と言ってもう三年になります。おばあちゃんは私に、新幹線のなかで読んでくださいねと言って、短歌をうたっておられるのをくださる。いただいた短歌を詠みましたら、『来るはずのない子どもとは知りつつも車の音に玄関に出かけ』。辛いですね。車の音がして家の前で車のブレーキがかかる。あぁ、ひょっとしたら息子が来てくれたかもしれないと思って、玄関に駆けて行ったんだけれど、もう車はいない。あぁ、やっぱり息子は来てくれなかったんだと…。それから、『命なる子どもらとの仲引き裂かれ喜寿も悲しい独り居て泣く』。『私の子どもは皆男の子三人です。どういうわけかみんな冬に生まれました。誕生日は母親ですから皆わかってます』。おばあちゃん七七歳ですから、息子さん達もけっこう大きいですよ、それでも、誕生日にはマフラーと、毛糸の帽子を編んで贈っています。でも返事は来ません。『いいんです、母親の気持ちです。だけど私が喜寿を迎えた七七歳、息子達は覚えているはずです』と。『一言、お婆ちゃん、お母さん、おめでとうと言って欲しい。私は捨てられたんですから、住職さんやっぱり私は死にたい』。実は先程の先生のお話と関連するんですけど、私達が、今カウントされております三万数千人の自死という問題を、どう見るか。個人的な問題なのか、そうじゃなくて社会的な問題なのか。このおばあちゃんの問題は、皆さん、おばあちゃんとその息子さんの個人的な問題だと思いますか？　それはそのおばあちゃんと息子さんとの家族関係の問題だと思いますか？　そうじゃありません。日本がやがてこういう高齢社会を迎えるということがわかっていた私達日本人が、こういうおばあちゃん、もう捨てられたんだというような思いをもたざるをえないようなお年寄りの存在を、私達は無視してきた。こういう社会がくるということをわかっていながら、何の対策も取らなかった。つまり我々はこういう社会を作ったのです。そういう社会構造から出てくる、おばあちゃんのこの孤立なんです。私は、先生が先程説明してくださったように、実は孤立と言っています。

5　心の中に居座っている苦悩を全部吐き出して欲しい！

次に若者です。皆さんと同じ年代の若者。三年間付き合ってます。ある日私のところにやって来て、『住職、俺死にてえんだよ。口では上手く話せないから聴いてくれ。頭がおかしい。もうこの生涯、この生活、環境、孤独、寂しさ、虚しさ、苦しさ、辛さ、空虚感、孤独感、劣等感、恨み、怒り、殺意、耐えられない。何にもできない。何にもない。消えたい。もう生きてもしょうがない。生きてる意味がない。生きてても無意味。もう生きたくない。生きられない。消えたい。死にたい。もう終わりたい。もう嫌だ。毎日毎日一日中、何もやることがない。できることがない何もない。とてつもない苦痛、その繰り返し。その毎日、楽しいことも嬉しいことも何もない。どうしようもない。何も得られない。何もできない。気力精神力ゼロ。無。自分の存在は無に等しいというか、ない。本当にもう嫌だ』。これを私にバーンと投げつけて、『住職さん俺死ぬ』、『ちょっと待とうよ』。それからずっと、今度いつ会う、今度いつ会う、これをちょっと言っておきますね。今度いつ会うと言った時にですね、きちっと時間をお互いが確認をし合う必要があります。月曜日の三時に待ってると私が言います。そしたら彼は三時に来るようになります。今度会おうじゃ駄目なんです。時間を設定することによって、命が繋がるということを覚えておいてください。必ず私は約束をします、電話でも。今ちょっと次の人が待っておられるので、明日の三時半に電話をくださいと言う。この時間を設定することで命を繋ぐ、そういう形で彼とずっと会い続けた。この夏、暑かったでしょう。で、私もTシャツになって彼と対話をしてたんですよ。三年彼と付き合ってたんですよ。彼は手首までのTシャツを脱がないんですよ。気づかなかった、私。それで『お前』、今はお前っていう位の仲間になってますから、向こうも『住職』って言う。『お前さ、この暑いのに脱げよ』って言ったんです。そしたら彼がわーっと泣き始めて、何が起こったかと思ったんですね。それで『どうしたんだ、お前？』って言ったら、『三年間住職さんとこうやって付き合ってきたけど、俺一つだけ隠してることあるんだよ』って言うんです。『どうしたんだ？』、『今日は見せる』って言って、Tシャツ、長い袖のTシャツをばーっと脱いだ。背中に素晴らしい龍の彫り物があった。刺青なんです。『どうしたんだ？』って、『俺に初めて見せたんじゃないか』って、私はもう泣けて泣けて、抱きしめましたよ。抱きしめて背中をさすりましたよ。『泣いてくれたのは住職さんだけだ』、『辛かったなぁ』って。辛かったんですよ。彼は子どもの頃に無口な子だ、それから人見知りの子だと言われ、「無言人間」といういじめを受けたんです。だから、教室の片隅でひっそりとしてた。それがずっと幼稚園の時から中学、高校まで続いたんですよ。高校は中退してます。それで、自分がなんとか威嚇できる方法はないかといって、暴力団に繋がって、背中に龍を彫っちゃったんですよ。それで、彼に『辛かったなぁ』って。本当に辛かった、龍が泣いてるように思いましたよ、僕。手でこう『辛かったなぁ、辛かったなぁ』って言ったら彼は泣いて、そして彼は絞り出すように言った、『住職さん、俺この龍消したいんだよ。この彫り物、消したいんだよ』って言ったから、『よっしゃあ』と答えて。坊さんてありがたいもんなんです、いろんな職種の人を知ってるんです。彫り師を知ってるんですよ、京都の、有名な。皮膚の何ミリ、どの辺りに、深掘りになったり、遊び彫りになったりするか知ってるんですよ。その人に相談したんですよ、『どうなの、これは消えるの？』、『あぁ今は、消えますよ。ちょっとお金をかけて、すぐに消したかったらTクリニックさんに行ってください』、『あ、そうなんだ』って。『だけど、ちょっとお金はかかるけれども、きれいにあの先生は消してくださいますよ。でも一応私見に行きますよ』って言って、飛んで来てくれて。『あ、これ消えるから心配ない。その代わり刺青が消えた日に新しい人生を歩きだすんだぞ』って。間もなくその刺青を消す手術を受けることになりました。彼の人生が変わることでしょう。心の中に居座っている苦悩を全部私に吐き出してくれ、全部さらけ出してください、どこまでも聴きますよっていう、その活動をやっていると理解していただきたいと思います。

6　自殺と自死・孤独と孤立について

要点だけ。先程も先生が言ってくださいましたけど、私達は自死と自殺は別に考えております。自殺というのは、あれは仏教では「じせつ」と読むんです。自ら殺すわけです。簡単に言うと、たとえば、皆さんご存知かもしれないけど、三島由紀夫さん。わたくし三島由紀夫さんの側近にいた人と仲良しだったものですから、克明に聞きました。三島由紀夫さんは、あの場をちゃんと設定をして自らの命を絶った。きちんとした覚悟をもった死で、彼の場合は自殺です。古いところでは芥川龍之介さん。是非あの回顧録を読んでみてください。本当に遺書もきちっと書かれた、自己責任と言っていい、自分できちっと覚悟の死です。私が申し上げたいのは、それは自殺だろうと。これは古今東西あったのです。でも今、カウントされている三万数千人の方々の死は、多重苦なんですよ。しかも自分が背負うと思わなかった苦悩が押し寄せてきていたわけです。よく新聞でリストラによって中高年の男性が自殺をしたなんて報道されますが、そんな単純なことじゃありません。先生がさっき仰ったように、経済的な困難がきて、家庭が崩壊して、娘さんや息子さんが大学に通っていたのに、経済苦によって退学せざるをえなかったとかというといろいろな苦悩がくる。それからもっと大きなことは、自分の存在というものを自覚できない状態に置かれるんです。自分がずっと四〇年間勤めてた会社、そこをズバッとある日、切られたら、私は何だったんですか？　この会社に生きることが私の命でした。それからその仲間と会社の仲間と共に共有した時間や場所で、ある男性は精密機械を作ってた。その新しい機械を作ることが、どれ程自分にとっては自分がこの世に生まれたこと、そして自分がこの世に存在していることを証明してくれることになってたか。それをズバッと切られたら自己存在の否定になります。家族の問題は修復できます。金銭の問題も修復できます。しかし人間との関係はもう修復ができない。だから『住職、私は死にます』と言って電話が来た。カンカンカンカンと踏切の音がしてるわけです。『あなたどこに立ってるの？』、『成田のここです』、『すぐに今迎えに行くから』と迎えに行って、そんなに人生狭くないよというところから始まる。

人間はやっぱり孤立することは一番辛い。だから、次に言いたかったことは、孤独と孤立は違うということです。孤独は皆さんだって、孤独感って時々もつんじゃないですか。寂寥感なんて言葉だってあるでしょう。自分の人生これでよかったのかなぁなんて、私だって時々思いますよ。でも振り返れば友達がいて、『何を言ってるんだ、一杯飲もうよ』って言ってくれる。『そうだよな』って。ところが孤立はですね、自分と自分以外の人との関係がまったく断絶してるんです。自分からアプローチして行く力がない、周りも自分の方を向いてくれない。だったら私がここに存在する意味はないんだから消えたい。先生が仰られるように、追い込まれて、そして死へ向かう。そこのところに、皆さんがちょっと話を聴かせてよと、もしよかったら私聴くよと、寄り添うよという人がいたら、その人は孤立からまず解放されます。孤立から解放されたら、後はどれだけの時間をかけて、自分の苦悩を吐きだすかということになりますから、先程申し上げたように、周りにいてくださる方、寄り添ってくださる方がいれば、私は今の自殺に目を向けている人は、救われていくんだろうと、目を見開くんだろうと、思います。

7　自死問題を他人事だと思わないでください！

それからもう一つ、時々私のところに電話があります、『住職、こんな活動やめちゃぇよ』って。『死にてぇ奴は死なせろよ』って。これは月に三度位あるんですよ。この間も、どうもお年寄りだなぁと思ったから、『おいくつですか？』と言ったら、『おぅ、七五歳だよ』。『おじいちゃんですね？』、『そうだ、孫もいる』。『何人いらっしゃるんですか？』、『三人いるんだよ』。『おじいちゃん、お孫さん可愛いですか？』、『可愛いに決まってんだろ』。『一番上は何歳ですか？』、『高校三年生だ』、『高校三年生？　高校三年生のおじいちゃんのお孫さんと同じ年代の若者が、私のところに何人も相談に来ますよ。死にたい、消えたいと言って、いろんな苦しみを打ち明けていきますよ。おじいちゃん、もしあなたの高校三年生のお孫さんが、おじいちゃん、俺はもう苦しくて苦しくて死にたいからいいよねって言ったら、おう、死ぬことによって苦しみが楽になるんだったら、いいよ、お前死ね死ねって言いますか?』って言ったらおじいちゃんが『そんな可愛い孫にね、そんなこと言うわけねぇだろ』って、ガチャって切る。つまり他人事なんですよ。この今の日本で、まだまだ自死の問題は他人事です。これは自死遺族の方々とお付き合いして非常によくわかる。最初に自死遺族の方々がおしなべて仰られることは、『まさか』、『まさか』って。『まさかうちの息子が』、『まさかうちの娘が』、『まさかうちの主人が』。そうなんです、これは誰にでも起こりえる問題です、他人事だと思わないでくださいと、皆さん伝えてください。しかもそれは先程申し上げたように、とりわけ社会的な構造からくる苦悩を背負う、そういうことってありえるから、ひょっとしたらこのなかに、皆さん、ある時皆さん自身が、俺もここまでの苦悩がくると思わなかったっていう人が出てくる可能性があるから、だから今日のテーマ「死を育てる」が必要なんです。この言葉を私なりに言い換えると、「生ききる」ということです。いただいた人生を、いただいた命を、「生きる」。子どもをつくるという言い方がありますが、命なんてつくれませんよ。どう頑張ったって、つくれるわけがない。いただいた命ですよ。しかも繋がった命ですよ。すごい生命の誕生のメカニズムを経た命ですよ。これを自分で切ってはいけない。自分で断ち切ってはいけない。殺すことなかれ、殺させることなかれなんですね。

8　無縁社会から有縁社会への回帰

そして最後に、私達は一人では生きていけないんです。自分と自分以外の人との関わりによって生きていくしかないんですよ。人間だから。人間というのは、私達も皆さんも、生まれた瞬間すぐ人間じゃないですよ。生まれた時はまずは、霊長目ヒト科ホモサピエンスです。それがお母さんなりと会った瞬間に、人と人が会うわけでしょ。そこに間ができるじゃない。だから中国人は「にんげん」と書いた。これは仏教的な読み方です、経典読みです。ほんとはこれは「じんかん」。だから人と、自分と自分以外との「間」に、どういう条件を積み上げていくか？　その条件によっては不幸になる、幸福にもなる、ときには死を考えることにもなってしまうよということ。だから私達は常に一人で生きているんではない、自分以外の人と関わり合って生きているから人間なんだ。この「間」の条件を今後日本社会が、この社会的な構造を、社会的な構造からくる苦悩をどう解決していくのか、その解決に共に手を携えていく人間関係をつくらない限りは、この問題は解決しないだろうと思います。どうぞ皆さん、人に迷惑をかけるななんていうことを、これから結婚して子どもさんが生まれて、教えてはいけませんよ。人に迷惑をかけてもいいと教えてください。人に迷惑をかけてもいいんです。人に迷惑をかけないで生きられますか？　だからもう一つ逆に、人に迷惑をかけないでは生きられないのだから、人からの迷惑も喜んでいただくんです。迷惑をかけたりかけられたりして生きるのが人間なんです。ここのところが実は大きなテーマなんです。生ききるということは、そういうことなんです。無縁社会という言葉を使いましたね。無縁社会の無縁の反対は何ですか？　有縁《うえん》です。有る縁と書きます。あれは「ゆうえん」ではない、「うえん」です。つまり人間関係があってこそ私達は生きてこられるんだから、無縁になってはなりません。さっきのおばあちゃんの話は無縁化してしまってる話です。私から言わせれば孤立化してしまっているわけですね。どうぞ皆さん、これから学問的にも研究されていくんでしょうけれども、現場を見ていただいて、この日本の社会が無縁社会から、有縁社会に回帰していくような、そういう方向を見つめていただきたい。そして現場をもっていただきたいということをお願いをして、私の話を終わらせていただきます、ご清聴ありがとうございました。

第三章　インド仏教における死の問題

金山　では、引き続いて平岡聡先生にシンポジストとしてのお話をお願いしたいと思います。平岡先生は、よくお目にかかる方でありながら意外にどういう方か存じ上げていなかったことを思い知りましたが、京都でお生まれになり、佛教大学で仏教学を修められ、アメリカに留学されていた時期もあり、先生ご自身も仏教者として、そして同時に仏教学研究者として、ご活躍しておられるということで、間違いないでしょうか？　それでは、お願いします。

はじめに

ただいまご紹介いただきました平岡です。今さらながら、この話をお引き受けしたことを、これほど後悔をしていることはございません。今、お話しされた篠原先生の「感性で聞いてください」の一言で、私はすっかり先生の虜になってしまいました。私も僧侶（浄土宗）なんですが、本物の僧侶と偽物の僧侶がこれほどちがうのかということが、今から白日の下に曝されてしまいますが、仕方ありません。

それから、最初に講演された渡辺洋一郎先生と、この後お話される平田先生は精神科医であり、現場を知りつくした、ほんとうに水際で活動をされているお三方と比べると、私はまるきり座学の人間であり、文献をただただ読んで研究をしているだけの人間です。この場に来てよかったのかな？　また私の演題も「死を育てる」にはそぐわないタイトルになってしまいました。私の話は、箸休め程度に聴き流してください。私からは、歴史的な観点からインド仏教において自殺がどう考えられていたのかという事例報告をいたします。

1　仏教という宗教

①仏教とは？

以下、話を進めていくうえで、最低限必要な仏教の思想を簡略にまとめておきます。まず仏教という宗教の概略を説明します。いかなる宗教でも死の問題は極めて大きいと言えますが、仏教の場合は特にその比重が高くなります。というのも、仏教という宗教の出発点が「生・老・病・死」に代表される苦、とりわけ死の苦しみからの解脱を目指す宗教だからです。

仏教というと、大変難しく、とっつきにくい宗教と思われがちですが、私はたった四行で仏教の輪郭を描くことができます。つまり、「人生は苦だ。なぜ苦しいんだろう。苦しみのない生活がしたいなあ。じゃあどうすればいいのだろうか」でいいのです。理屈としては、この四行で説明は尽きています。実に簡単ですね。しかしこれではあまりに素っ気ないので、少し学術的に言い換えると、「『人生は苦である』という認識に基づき、その苦の原因を煩悩（執着／渇愛）に求め、その苦の原因を修行によって滅し、苦からの解脱（絶対なる平安）を求める宗教」となります。少しアカデミックな言い回しになりましたね。

仏教の開祖であるお釈迦さん（以下、「釈尊」という呼称に統一）は今から二五〇〇年前にインドに王子として誕生されました。しかし宮廷での華やかな生活とは裏腹に、生まれた者がやがては老い、病に倒れて、最後には死んでしまうという現実に若くして悩み、ついに二九歳で妻子を捨てて出家すると、六年の苦行の末、三五歳で覚りを開いて苦から解脱し、八〇歳で亡くなるまで、伝道の生活をされました。これからわかるように、仏教の開祖である釈尊自身の生き方が、仏教という宗教を特徴づけているのです。釈尊も我々と同じように、「年を取るのは嫌だ。病気になんてなりたくない。死ぬなんてまっぴら御免だ」と考えていたわけですから、この出発点に関して仏教は極めて人間くさい宗教と言えるでしょう。

こうしてみると、仏教を理解するキーワードは「苦」ということがわかります。そしてその具体的な中身は「老・病・死」ですが、とりわけ「死の苦しみ」が大きな問題になります。ここだけ見ても、他宗教とは比較にならない、「死」を考えるヒントが仏教には埋もれていると言えそうです。

②業と輪廻

次に死や自殺の問題を考えるうえで押さえておかなければならないのが、業と輪廻の問題です。業とは、一般に人間の行為というほどの意味です。造物主を認めるセム系の一神教、つまりキリスト教・ユダヤ教・イスラム教は、神によって人間は創造されたと考えますので、そこには神に対する責任というものが自分の生命に対して生じますが、仏教の場合、自己存在は業（行為）によって形成されると考えます。そしてその行為によって死後の行き先が決まります。その行き先は、一般的に六道と呼ばれ、下から地獄・餓鬼（お腹をすかした鬼）・畜生（動物の世界）・阿修羅（喧嘩ばかりしている鬼）・人・天（神）の六つがあり、ここを生まれ変わり死に変わりしながらぐるぐる回ることを「輪廻」と言います。

善業を積むと人間世界、あるいは天の世界に生まれ、悪業を積むと、地獄・餓鬼・畜生の世界に落ちるので、悪業は慎み、善業を行うことが奨励されます。ただし、善業だけを積んでも輪廻から抜け出ることはできません。

変な話ですが、善業を積むというのは貯金、悪業を積むのは借金だと思ってください。善業を積んだら神の世界に生まれます。そしてそこでいろんな楽を享受しますが、楽を享受するということは、貯金を使うということです。ですから、貯金を使い果たすと、また下に落ちる可能性があります。逆に悪業を積めば地獄に落ちます。それは借金ですから、今度は借金を返さないといけません。ものすごく苦しいんですが、苦しいということは借金が減っているということなので、返済が終わればめでたく地獄脱出ということになります。

こうして、善業を積んでも悪業を積んでも、輪廻の世界から抜け出ることはできず、永遠に苦しみを背負って生きていかねばなりません。仏教、少なくとも釈尊の仏教は、その輪廻から抜け出ることが苦を根絶する唯一の道だと考えました。ではどのようにして輪廻の世界から解脱していくかというと、善業も悪業も越えた業、これを無漏業（煩悩を伴わない行為。つまり出家者としての修行）と言いますが、これを実践することで輪廻から完全に解脱することを目指したのが、釈尊の仏教なのです。

したがって、覚った人、つまりブッダや阿羅漢と呼ばれる人達は、呼称は違えど、みな解脱者という点では共通し、煩悩を滅して苦を超越し、この世で死んでも、再び輪廻には生まれ変わらない人、ということになります。

③造物主を認めない宗教

これは今取り上げた第二点目と少し重なりますが、キリスト教・ユダヤ教・イスラム教といったセム系は、人間が造物主である唯一の神によって創造されたと考えるので、自己存在、あるいは自己の命に関しては、神に対する責任が発生しますし、自分の命の所有権は神にありますから、人間の勝手な判断で、神からいただいた命を絶つという行為は大きな罪と考えられているようです。

これに対し、仏教は、すでに指摘したように、自分が積んだ業によって自分は存在すると考えますので、自分の命の責任の所在というのは、あくまでも自己にあると考えます。ここがセム系の一神教と大きく違うところで、自殺を考える場合はこの点を押さえておく必要があるでしょう。

2　三つの渇愛

先程述べたとおり、仏教は苦しみの原因を煩悩・執着・渇愛に求めます。渇愛とは対象をむさぼる激しい気持ちですが、これに欲愛・有愛・無有愛という三種類があるんですね。欲愛というのは五欲、つまり人間の五つの感覚器官である目・耳・鼻・舌・身の対象に対する執着、たとえば「あれが欲しい、よい音楽を聴きたい、よい香りを嗅ぎたい、美味しい物を味わいたい、心地よい生活をしたい」というように、その五つの感覚器官の対象に対する執着を欲愛と言います。次が有愛。有というのは仏教用語で「存在」あるいは「生」を指しますので、生に対する執着のことです。人間はいつかは死んでしまいますが、「いつまでも生きていきたい」という生に対する執着が有愛です。

そして最後が無有愛。これは先ほどの有愛の逆ですから、「非存在」に対する愛着、つまり、「死」に対する執着ということになりますから、これは自殺に置き換えて考えられるのではないか。つまり死に対する執着が自殺という行為なのではないかということです。したがって、仏教はこの三つとも渇愛、つまり「苦しみを起こす原因」ととらえますから、ここだけ見ると自殺も否定されるべき行為ということになるわけです。

ですから、仏教は「生にも執着しないし、死にも執着しない」という生き方を理想と考えるわけです。じゃあ、それは一体どういう生き方になるのか？　先程、篠原先生が仰ったと思いますけれども、「生ききる」ということにつきるんだと思います。生きられるだけ生きる、死ぬときがきたら死ぬ、あるいは死ぬまで生きるという、そういう生き方が仏教では理想とされると思います。

3　出家者の自殺の用例

じゃあ自殺の用例はまったくないかというと、これがあるんですね。おかしなことに、出家者が自殺をしたという話がいくつか出てまいります。詳しく探せば、もう少し用例があるかも知れませんが、有名な四つの例を紹介させていただきます。まず一番、ヴァッカリという坊さん、この方は重病によって激痛に苛まれます。これ以上の苦しみには耐えられないということで、自ら刀を取って喉を切って自殺をしてしまいます。それから二番目チャンナ。この方も重病に罹って、体中に激痛が走った。その激痛に耐えきれなくって、彼も首元を刀で切り、自殺をしてしまいます。

それから三番目はゴーディカというお坊さんです。彼は修行して、ある一定の高い境地まで行くんだけれども、すぐにもとの状態まで落ちてしまうんですね。また一生懸命修行するけれども、またある高い境地まで行くと、また落っこちてしまう。そういうことを繰り返しているうちに、高い境地から落ちるのが嫌になる。だから高い境地に達したところで死ねば、高い境地を保持したまま死ねるんだろうと考えて、自殺を図ったという話です。これは修行からの退失を怖れて自殺したという例です。

それから四番目サーリプッタというお坊さんです。彼は非常に有名な出家者で、多くの経典にしばしば登場するのですが、ある経典によりますと、師匠である釈尊の死を見るに堪えなかったので、自分の方が先に死のうと考えて自らの生命を絶ったと書かれています。

以上、四人の出家者の自殺の用例を取り上げましたが、これらはあくまで経典にそう書いてあるというだけなので、本当にこれが史実としてあったかどうかは別問題です。経典に記されていることは、史実を反映した記述もあるでしょうが、伝承の過程で新たに改編されたり、創作されたと考えられる記述もあるので注意が必要ですが、ともかく仏典にはそう記されているわけです。

さて、この四者なんですけれども、共通して言えるのは、全員、阿羅漢、すなわち解脱者なんですね。つまり、先程説明したように、死んでも再び生まれ変わらない人達なんです。ですから、彼らは確かに解脱して阿羅漢という高い境地に到達し、そこで自殺をするけれども、死んだからといって、次の世界に生まれるわけではない。覚った時点でもう六道輪廻を超越してますから、次の世界に生まれることはないので、自殺をしても次の世に生まれ変わることはなかったということになります。

ここで注意すべき点は二つあると思います。一つは、これら解脱者の自殺が釈尊によって〈結果として〉認められている点です。換言すれば、積極的に仏教が自殺を容認していたわけではなく、解脱者にかぎって、それも結果として認められているのであり、当然のことながら、釈尊が積極的に出家の自殺を称賛したのではないことを、ここで確認しておきたいと思います。

もう一つは、解脱者でない人が自殺する場合はどうなるかという点です。仏教の教えによれば、解脱していない人は、死んでも必ず次の生で何かに生まれ変わることになりますから、自殺は物事の根本的な解決にはなりません。人生を自殺でリセットするだけならまだいいのですが、すでに指摘したように「自殺」は「無有愛」という執着・煩悩・渇愛と見なされますので、自殺した時点で煩悩は増大していることになり、その分だけ覚りから遠ざかってしまうことになります。解脱していない人の場合、苦しくてもこの与えられた生において、とにかくできることをして「生ききる」ことが最善の策と言えるでしょう。

一方で、本当に苦しくて自殺した人の気持ちを考えれば、上記のような考え方は少し酷なようにも思えます。私は決して自殺を肯定しませんが、しかし人によっては、また状況によっては、さらにこの世が娑婆であることを考えると、キリスト教のように自殺を絶対的な悪とする考え方は少し窮屈な感じがします。娑婆とは、インドの古典語サンスクリットの「サハー（sahā）」を漢字で音写したもので、意味は「堪え忍ぶ（忍土）」を意味します。この世は善人が苦しみ、悪人が楽をすることもある不条理な世界ですが、そのような世界で生活する者にとって、自殺は最後の最後の緊急避難策という余地があってもよいのではないかと個人的には思っています。

ともかく、解脱者でない人が自殺する場合、それが問題の根本的な解決策でないこと、また自殺すればこの世の苦からは解放されても、自殺が「無有愛」という煩悩に基づいている以上、次の生では覚りからより遠い位置でスタートしなければならないこと、この二点を覚悟したうえで決意しなければなりません。

私は仏教が素晴らしい宗教であると思うのは、「やり直しがきく」点だと考えています。これは時間論とも関係してきますが、セム系の一神教の場合、その時間論は直線的で、しかも一回きりです。神が世界を創造し、最後の審判で終わるというリニアな時間論ですから、やり直しはききません。一回きりです。これに対し、仏教は輪廻思想が如実に表しているとおり、円環的でスパイラルな時間論です。ぐるぐる回るので、自分がその気になった時点でやり直しがきくわけです。

少し話が逸れますが、興味深い説話を紹介します。昔々、あるところに一人の青年が住んでいました。話は長く複雑なので、端折りますが、彼は母と共謀して父を殺し、その後に母を殺し、そして次には覚りを開いた出家者を殺し、挙げ句の果てには精舎に火を放って出家者を大量に殺してしまいました。仏教の業報思想に基づけば、当然、死後の行き先は地獄です。想像を超えるような長い間、筆舌に尽くしがたい苦を受けるのですが、しかし、すでに指摘したように、地獄で十分苦しむことで借金を返済すると、また人間に生まれ変わり、釈尊との出会いがきっかけで、ついには覚りを開いて阿羅漢となりました。

このようにどんな悪人でも、時間はかかりますが、チャンスさえあれば覚りを開くことができます。やり直しがきくのです。ですから、自殺もしないに越したことはありませんが、上記の二つの覚悟があれば、〈結果として〉容認されてもよいのではないか。こういった考え方が自殺幇助につながらないことを切に願いますが、しかし遺された家族のことを考えると、「自殺は絶対的に悪」とする考え方には救いはないように感じられます。

4　自殺否定の態度

少し自殺容認の方向に傾いてしまいましたので、軌道修正しましょう。もちろん仏教が自殺を推奨していたわけではありません。そこで、仏教が自殺を基本的には否定していることを確認していきます。

出家者は厳しい戒律を遵守しなければなりませんが、その代表格が五戒と言って、生物を殺さない、嘘をつかない、邪淫をおかさない、物を盗まない、お酒を飲まないということになっていますが、そのなかで一番最初に不殺生戒が置かれています。つまり、生き物の命を奪うことは非常に重罪であると考えられていたことが、この順番からわかります。じゃあ、自分の生命はどうなのかが気になりますね。そこで戒律の文献を見てみますと、これまた不思議なことに、他殺は重罪なんですけれども、自殺は軽い罪として扱われています。罪にもさまざまな段階がありますが、不殺生戒を犯せば、波羅夷罪という僧籍剥奪の一番重い罪です。それが自殺になると、意外に軽い罪としてしか扱われていません。しかし、罪である以上、少なくとも肯定はされていません。

では次の用例を紹介しましょう。これは出家者の不浄観という瞑想法に関してです。古代インドにおいて、出家者はさまざまな場所で修行を行いましたが、その一つに墓場があります。正確には死体遺棄場といったほうがいいでしょう。というのも、インドには輪廻思想がありますから、死んでも何か他の生物に生まれ変わるので、死体は魂の「抜け殻」でしかなく、重要な意味をもちませんから、基本的に「墓」は存在しません。ともかく当時の出家者は死体遺棄場のようなところで修行をするのですが、そこでは死体が徐々に腐っていくのを目の当たりにします。そしてその光景を心に焼き付けて、次は死体を見なくても瞑想のなかでその死体が腐っていく状況をありありと思い浮かべるトレーニングをする。

何故かというと、身体に対する執着を絶つためです。死体の腐敗を通して「人間の肉体は、そして人間という存在は不浄なものだ。人生は『苦』なんだ」という事実を徹底的に心に刻んでいくんですね。ともかく、そういう死体を見て、そしてその肉体に対する執着を絶つために、不浄観という瞑想法があったわけですが、この不浄観を実践している出家者たちが自殺するという事件が起こってしまいました。そりゃあ、四六時中こんなものばかり眼にしていれば、おかしな気持ちにもなるでしょう。

これはいかんということで、瞑想法も数息観、つまり呼吸の数を数えることによって精神を集中させていくという方向にシフトしていったようです。つまり、不浄観によって自殺者が増えてしまったのは好ましくないという考えがあったので、瞑想の方法も不浄観から数息観へと変わっていったわけですから、これも自殺否定の用例と言えるでしょう。

さて、最後の用例です。これは出家者の場合ですが、死んでしまうと他者を幸せにできない。生きていればこそ、出家者は世間の人々を利益できるので、自殺はしない方がよろしい。そういう用例もあったりして、確かに自殺の否定の態度、少なくとも肯定はしない態度が読み取れます。ただし、積極的に否定したかといわれれば、疑問の余地は残ります。

5　肯定的な自殺の用例

次は肯定的な自殺の用例ということで、二つ紹介します。一つは、『ジャータカ』と呼ばれる釈尊の前世物語において、自殺が肯定的に描かれているケースがあります。まず本題に入る前に、『ジャータカ』の説明をしておきます。釈尊の死後、釈尊の存在および釈尊の覚りが神格化のプロセスをたどるようになります。つまり、時代が下るに従って、「釈尊がこの世で覚りを開かれた」という事実が、この世だけの修行で達成されたとは考えられなくなり、輪廻思想を前提に、釈尊の修行ははるか遠くの過去世から始まっていたのであり、この世に生を受ける前からずっと、いろいろな存在（人間や動物）に生まれ変わり、死に変わりしながら修行を積み重ねてきたのだと考えられるようになったのです。

その修行のなかでも顕著なのが布施行であり、その布施行のなかでも顕著なのが、自分自身を布施するというものであり、つまりこれが自殺に繋がっていきます。有名な話はいくつかありますが、ここでは日本人にとって親しみのある話を一つだけ紹介しましょう。それは「捨身飼虎」として知られているジャータカであり、奈良の法隆寺に所蔵されている玉虫厨子に描かれているものです。

捨身飼虎とは、その名のとおり、自分の身を捨てて虎に食べさせるという話です。昔々、飢えた雌虎が食べ物がなくなり、お腹をすかしたあまり、自分が生んだ子どもを食べようとしたんですね。それを見た王子、つまり釈尊の前生が虎の赤ちゃんの命を救うために、自ら投身自殺して、自分の体の肉を雌虎に食べさせたという話です。

こういうふうに、自分自身を他者に布施をしていくという自己犠牲のタイプの用例がたくさんありますが、これは肯定的な自殺の用例だろうと思います。今、「自己犠牲」と言いましたが、それはあくまで他者から見れば「犠牲」に見えるだけで、当人、つまり釈尊自身にとってはこれが「犠牲」と感じられているわけではありません。自らの修行を完成させるために、「喜んで」自分の命、あるいは肉体を布施しているわけです。無論、これは「物語」のなかの話ですから、実際に釈尊がこの世で自らの命を犠牲にしたわけではなく、あくまで釈尊が神格化されていく過程のなかで創作された話であることは再度、確認しておきます。

それから二番目、これは中国仏教での用例なんですけれども、大乗仏教の支流の一つである浄土教は、念仏を唱えると死後は極楽浄土に往生すると説きます。この教えがインドから中国に入ると、極端な例として極楽往生を熱心に願った仏教徒が結果として自殺してしまうという用例が見いだせます。中国の唐の時代、善導というお坊さんが現れましたが、ある熱心な念仏の修行者が善導のもとを訪れて質問します。「本当に念仏を唱えたら、最期に極楽往生できるのか?」と。善導が「できます」と答えると、その念仏者は念仏を唱えながら木の上に登り、そこから身を投げて自殺をするという話が伝わっています。

中国のお坊さんのなかには自殺をしたという方がけっこう出てきますが、これが否定的にとらえられているかというと、そうでもなくて、けっこう肯定的にとらえられている、そういう傾向があるようです。これは捨身往生といって、自ら念仏を唱えて身を捨てることにより極楽に往生するという例も、肯定的な自殺の用例として指摘をしておきます。

ここでは釈尊の修行の一環としての自殺の用例と、中国仏教の浄土教における極楽往生を願った自殺の用例を取り上げました。これらはいずれも「人生に絶望して」、あるいは「人生の苦に堪えきれず」というタイプの自殺ではないので、いわゆる「自殺」とは区別して考えるべきものかもしれませんが、理由はともかく、自らの命を絶つという点では「自殺」ですので、紹介させていただきました。

6　まとめ

時間の制約もあり、極めて簡単ではありましたが、インドを中心に仏教の自殺に対する態度を紹介してきました。そこで最後にポイントをまとめておきます。

①解脱者の自殺は結果として容認

仏教は自殺を勧めてはいませんが、完全否定でもありませんでした。特に解脱者の自殺は結果として容認されている。これは死んでも生まれ変わらないからだと考えられます。私は覚りを開いていないので、詳らかにはわかりかねますが、人生を達観した人にとって、人生は生きる価値があるともないとも言えないものに感じられるのかもしれませんし、あるいはその両者を超越しているのかもしれません。ヴァッカリとゴーディカという出家者は病苦に苛まれて自殺を実行したと説かれていますが、逆に言うと、病気の苦しみは、まあ病気にもよりますが、耐え難いものがあるということになります。覚りを開いていても肉体的な苦痛は想像を超えており、もし次の生への再生がないとすれば、自殺という選択肢もありだったと言うことでしょうか。

②解脱していない人の自殺は否定

ただし、解脱していない人の場合は、死んでもまたこの輪廻の世界のどこかに生まれ変わることになりますから、問題の本質的な解決にはならないし、さらに自殺は無有愛（死に対する執着）と考えられますから、自殺をすれば、その分、煩悩は増大するので、覚りからは遠ざかるという結果になるし、今生での苦から解放されても、来世ではさらに大きな苦を背負わなければならなくなります。ただし仏教は「やり直し」がきく宗教ですから、一時的に覚りから遠ざかっても、その気を起こした時点でいつでも覚りへのスタート地点に立つ可能性は保証されているといってよいでしょう。不完全な人間が不合理な娑婆を生きるための方便として、自殺を「絶対悪」ととらえる見方は、遺された遺族の人の心情を考えると、私個人の意見としては少し厳しいように思われますので、「相対悪」くらいの位置づけで考えたいところです。

③相対的に軽くなる「現世での命」の比重

造物主を認めない仏教はセム系の一神教に比べて、現世での生命の比重は相対的に軽くなる点も指摘しておきます。すでに指摘したように、キリスト教に代表されるセム系の一神教の時間論はリニア、つまり直線的な感じですが、仏教はスパイラルというか円環的です。仏教の誕生以前からインドには輪廻思想があり、仏教もこれを基本的に踏襲していきます。つまり、死ねばこの世での生が終わるのは確実ですが、しかし、次の新たな生が始まるのも同じくらいに確実と仏教では考えます。これは先程の内容と重なってきますが、この世での生は一回きりでも、自分の命はまた次の生に繋がっていくので、現世での命の比重は、一回きりの命を想定するキリスト教などに比べると、相対的に軽いと言わざるをえません。

表面的には仏教を受け入れた日本ですが、インド固有の輪廻の感覚は日本には根づかなかったと思われます。心中ものや切腹の背景には「悲哀」「切なさ」などの情を伴いますが、それは人生が「一回きり」で「命のやり直しがきかない」という思想がないと成り立たないでしょう。インド的輪廻の思想を前提にすれば、日本の心中ものや腹切りに特別な情緒は存在しなくなるのではないでしょうか。

④命の責任の所在

またその命も、唯一なる神から与えられたとするセム系の一神教では、自分の一存で勝手なことをすることは許されませんが、仏教の場合、セム系の一神教のような造物主を認めませんので、その命の責任者はあくまで本人自身ということになり、したがって「自分の命をどう使おうと自分の勝手である」という考え方も出てくる余地がありそうです。

⑤肯定的な側面をもつ自殺

最後には、いわゆる自殺とは動機が異なるけれども、自ら進んで自発的に自分の命を絶つという自殺の用例を紹介いたしました。一つは布施という菩薩行を完成させるために自ら投身自殺を実行し、飢えた雌虎に自分の肉体を布施した菩薩の話、もう一つは極楽往生を熱望するあまり、念仏を唱えながら木から飛び降りた念仏者の話です。仏教では、このような肯定的な自殺の用例も散見します。

⑥他殺の側面をもつ自殺

これは仏典に書いてあるというよりも、私個人の考えですが、自己の生命を形成するために犠牲になった他者の生命を無駄にするという意味では、自殺は他殺の面ももっているのではないかという点を指摘しておきます。人がこの世に誕生して成長するには、数多くの動物の肉や魚を食べて、それらの命の犠牲の上に私の命や体が成り立っています。だから、自らの命を絶つということは、その命や体を形成するのに犠牲になった動物や魚の命を無駄にすることになり、結果として自殺は他殺の側面ももっていると言えそうです。最後は少し坊さんの説教めいた話になりましたが、以上をもってまとめといたします。

インド仏教において、自殺がどうとらえられていたかという事例報告をさせていただきました。「死を育てる」というタイトルにはそぐわない内容になってしまい、「生命」という点からお話したらよかったかなと、今さらながら後悔をしております。後悔先に立たず。それはまた次のシンポジウムのところで、機会があったら、そんなお話もさせていただきたいと思います。ご清聴ありがとうございました。

【付記】「死を育てる」再考

今回、自殺に関するシンポジウムのテーマは「死を育てる」であったが、私の発表は「自殺」に偏り、「死を育てる」という内容にうまくマッチさせることができなかったため、シンポジウムの内容をまとめる作業をしていてもなお、消化不良の感が否めなかった。そこで最後に、「自殺」というテーマはいったん脇に置き、「死を育てる」というテーマを仏教的な視点から考えてみたい。

「死を育てる」という表現。一見すると、なんだか奇妙だ。「育てる」という動詞は、「こども」「愛」「苗木」など、人間にとって有意なものを目的語にするのが普通だが、「死」は一般に忌み嫌われるものであり、それが「育てる」の目的語になっている。この表現から、「そもそも死は育てるべきものなのか、死は育てられるのか、死を育てることにいかなる意味があるのか」などさまざまな疑問が噴出する。そこでまず、仏教が死をどのようにとらえているかを見てみたい。

すでに指摘したように、仏教は苦からの解脱を目指す宗教である。そしてその苦の具体的内容は、

「老・病・死」という人生の根本苦であった。人として生まれた以上、誰もが避けて通ることのできない苦、それが老・病・死なのである。そしてそのなかでも特に問題になるのが「死」である。この存在自体が死をもって消失してしまうという苦しみ。仏教の開祖である釈尊は、この死としっかり対峙し、なぜ死ぬかを考え、長年の修行の末に出した答えは極めて単純明快であった。「生まれてきたから死ぬのだ」。

ここで釈尊は「縁起」という真理を発見する。普通「生まれること」と「死ぬこと」は真逆の事象であり、互いに関係しているとは到底思えない。しかしよく考えてみると、「生まれないものは死ない」「生まれたものは必ず死ぬ」という事実から導き出される真理は、「生は死を縁として起こる。死は生を縁として起こる」、つまり縁起の関係にあるということである。これは生死の関係だけでなく、相対立する概念すべてに当てはまる。

たとえば夫妻。妻の存在なくして男は「夫」と呼ばれないし、「夫」の存在なくして女は「妻」と呼ばれない。すなわち、「夫は妻を縁として起こる。妻は夫を縁として起こる」ということになる。一番わかりやすい例が紙の裏表である。表だけの紙や裏だけの紙は存在しない。裏を縁として表が存在し、表を縁として裏が存在するのである。つまり、物事はすべて、それ単独で存在しているのではなく、必ず他者との関係性のなかで存在しているというのが、仏教の世界観なのである。

話を「生死」に戻そう。釈尊は「生まれてきた以上、死は避けられない」、また「生命に対する執着を捨てることが、死という苦を克服する唯一の方法である」と覚った。同様に、若さに対する執着を捨てれば、もはや老は苦でなくなるし、健康に対する執着を捨てれば、もはや病は苦でなくなる。

言うのは簡単で、実際にそう割り切るのは至難の業だが、釈尊の説く理屈は極めて単純明快なのである。

とすれば、生（本来は「生まれること」だが、「生きること」に置き換えてもよい）と死は「それぞれ別個の二つの事象」ではなく、「二つで一つの事象」ということになり、そう考えれば、生を充実させるためには、死を忌み嫌うべきものとして遠ざけるのではなく、どうしても死を射程に入れなければならなくなる。こう考えれば、「死を育てる」は奇妙な表現ではなく、極めて正当な表現であることが理解されよう。

釈尊は三五歳で覚りを開いた。これは、換言すれば、縁起の理法を覚って生命に対する執着を断つことで、「生まれた者は必ず死ぬ」と諦め（「諦める」とは「断念する」の意味もあるが、「明らかにする」の意味もある）、それまで忌み嫌っていた死を受け入れて、自らの心に死の居場所を与えたことを意味する。そして八〇歳で亡くなったのであるから、釈尊は四五年の長きにわたって死を育てたとも言えよう。では死を射程に入れて生を充実させるとは、具体的にどのような生き方になるのか。仏典は釈尊が覚りを開いた後の心情を詳しく説くことはないので、私のつたない経験から推測してみる。

ある時、ホテルのロビーで人と待ち合わせをした。先に着いた私は椅子に腰かけて待っていると、前方に置いてある美しい花が目にとまった。緑の葉と赤い花のコントラストが鮮やかで、思わず立ち上がってその花に近づいてみると、確かに美しいのだが、何かが違う。目を凝らしてよくよく見ると、それは造花だった。造花とわかったとたん、今まで私の頭の中にあった花の美しさは一瞬にして消え去ってしまった。この感覚はいったい何なのか。なぜ造花よりも生花の方が美しく思えるのか。

桜を例に取りながら、生花と造花の違いを考えてみたい。初春になると、テレビやインターネットではお花見情報が流れ、見頃の時期を教えてくれるが、あれが造花だったらどうか。いつ見ても基本的には同じ表情しか見せない造花の桜を「今日しかない」「今しかない」と急いでお花見にいくことはないだろう。何故か。〈今〉でなくてもいいからだ。つまり桜をはじめ、自然の花は生きているのであり、生きている花は必ずいつか枯れてしまう。だが、枯れてしまうからこそ、今というこの瞬間が一度きりであり、それを見過ごしたら、もう二度とその「今」は失われてしまう、だから「今日しかない」、「今しかない」と花見に出掛けるのだ。

桜に限らず、生花が美しいのは、その美しさが今しか見られないからだ。ここが造花と決定的に違う点である。この一瞬が放つ一度きりの輝き、その奇跡とも言える貴重さが、我々の心を魅了する。造花に今という瞬間はあっても、今という瞬間に特別な価値はない。一年後に同じ造花を見ても、基本的には何も変わっていないからだ。一方、生花は一年後どころか、一週間先には枯れているかもしれない。しかし、枯れるからこそ、その一秒一秒が貴重であり、何にも代えがたいのである。

黒沢明監督の映画『生きる』で、主人公（志村喬）は役所勤めの公務員として毎日書類に判を押すだけの、まさに判で押したような凡庸な生活を送っていたが、胃癌で余命幾ばくもないことを自ら覚るや、最後は住民の意を汲んで公園作りに命を燃やし、見事に完成させる。これは死と直面してはじめて真に生きることができるという理想の姿を見事に描いている。死を前にして、はじめて「今」という瞬間が主人公に輝き始めたのである。

また五六歳で食道癌と診察された詩人の高見順は、「電車の窓の外は」という詩の前半で次のように詠んでいる。

電車の窓の外は
光に満ち
喜びにみち
いきいきといきづいている
この世ともうお別れかと思うと
見なれた景色が
急に新鮮に見えてきた（高見順『死の淵より』）

死を受容できたがために、彼は見なれた景色の一瞬一瞬に永遠の輝きを感じ、それを「新鮮」という言葉で表現している。生花を美しいと感じる、あの感覚ではないか。

さらにもう一つ。これは心臓に障害をもち、短命の宣告を受けた赤ちゃんを出産した両親の話である。「秋雪」と名づけられた赤ちゃんは六年という短い生涯を閉じたが、その間、両親は常に死と背中合わせの状態で秋雪ちゃんと接しなければならなかった。明日死ぬかもしれないという極限状態での子育て。でもそうであるからこそ、我々だったら見過ごしてしまう「赤ちゃんの寝息」、「上下する胸の動き」、といった秋雪ちゃんの一つひとつの仕草が、両親にとって永遠の輝きを放つ瞬間だったのではないか。詳しくは加藤浩美『たったひとつのたからもの』をお読みいただきたい。行間には、キラキラ輝く「今」が溢れている。

日本中世の無常観に代表されるように、諸行無常には切ない響きがある。しかし、諸行無常であり、死すべき存在であるからこそ、「今という瞬間」を無駄にしてはならない。逆説的だが、釈尊、『生きる』の主人公、高見順、そして秋雪ちゃんのご両親の生き方からもわかるように、死を射程に入れ、死の居場所を心の中に設けてこそ、生を充実させることができる。そしてその生の充実こそが、その裏面において「死を育てる」ことになろう。

死と対峙しそこなえば、自殺という穴に落ち込んでしまうかもしれない。しかし、死と真摯に向かい合い、しっかりと自らの死を育てることができれば、少しでも自殺を減らせることができるのではないだろうか。

第四章　性的マイノリティと自殺

金山　続きまして、平田俊明先生からシンポジストとしてのご発言をお願いしたいと思います。平田先生はこの三月までこちらの京都文教大学で教鞭をとっておられましたので、みなさまよくご存知だと思いますが、性同一性障害や同性愛者といった、いわゆる性的マイノリティと呼ばれる人達の心理臨床を専門に、活動、それから研究を進めておられます。今現在は、東京都内のしらかば診療所ですね、精神科医として、それから心理カウンセリングも行っておられます。では、よろしくお願いいたします。

平田　平田と申します、よろしくお願いします。「死を育てる」というのは大切なテーマですがとても難しいテーマでもあるので、シンポジストを引き受けるかどうか迷ったのですが、秋田先生からお話をいただいた際に「セクシュアリティの観点」から話をしてもらいたいと言っていただいたので、今日はふだん私が感じていることを皆さんと共有できればと思い、お話することにしました。ご紹介いただいたように、私は、同性愛の方々や性別に違和感のある方々――総称して「性的マイノリティ」と呼ばれることが多いですが――の心理臨床をメインに据えつつ種々の活動をしています。性的マイノリティの方々との関わりは十年以上になります。現在は、東京都内にある、主に性的マイノリティを対象とする「しらかば診療所」という民間クリニックで、臨床心理士および精神科医として勤務しています。今日は「性的マイノリティと自殺」というテーマで――とても重たいテーマですが――話をしたいと思います。私の話は、ある意味とても各論的な話になると思います。

本題に入る前に、「性的マイノリティ」とはどのような人々を指すのか、概念の整理を少ししておきます。

1　「性指向」と「ジェンダー・アイデンティティ」

まず、「性指向」という言葉があります。「性指向」とは、「どの性別に対して、恋愛感情を抱いたり性的に惹かれるかという、恋愛感情や性的関心が向かう方向性のこと」をいいます。性指向がもっぱら異性に向く人々のことを「異性愛者　ヘテロセクシュアル」、同性に向く人々のことを「同性愛者　ホモセクシュアル」や「ゲイ」「レズビアン」といい、どちらの性にも向く人々のことを「両性愛者　バイセクシュアル」といいます。

次に、「ジェンダー・アイデンティティ（性自認）」という言葉があります。「ジェンダー・アイデンティティ」とは、「自らの性別を、男性であると思うか女性であると思うか（それ以外だと思うか）という認識のこと」を指します。

ジェンダー・アイデンティティが身体の性別と一致しない場合、そのような状態を指す言葉の一つとして「性同一性障害」という言葉があります。また、もともとが医学用語である「性同一性障害」

という概念とは別に、「トランスジェンダー」という、当事者を中心に作り出された言葉もあります。従来の性別概念の枠に収まらない性別のありようすべてを含む――自らの性別を女性とも男性とも規定しえない人や異性装者なども含む――包括的概念となりつつある言葉です。疾患としての意味合いがないため、自らの状態を「精神疾患や障害ではない」と考える当事者にとって用いられやすい概念です。欧米諸国では「トランスジェンダー」が性別違和を抱く者の総称として使われることが多いのに対して、日本では、元来が医学用語である「性同一性障害」という言葉が一般の人々の間にも浸透したため、欧米ならトランスジェンダーと呼ばれる者が、性同一性障害と呼ばれることがあります。そのメリットもありますが弊害もあるようです。たとえば、必ずしも医療につなげる必要のない当事者を、周囲の者が診断を求めて医療機関へ連れてきたり、性同一性障害としての特徴が顕著ではない当事者が、本来不要であるはずの身体的治療へと向かってしまう例が散見されます。

　同性愛の当事者とトランスジェンダーの当事者とでは、さしあたってのニーズが異なる場合が多いので、当事者を支援しようとする人は、「性指向」と「ジェンダー・アイデンティティ」という二つの言葉を、次元の異なる概念として整理して把握しておいたほうがよいと思います。たとえば、情報の偏りのため、あるいは同性愛に対する内在化された偏見が強いため、本当はレズビアンである女性が、自らを性同一性障害だと思い込み、支援を求めてくる場合があります。当事者自身が正確な知識を得ておらず混乱していることがあるので、心理教育を提供できるだけの、セクシュアリティに関する知識を支援者側が備えておくことが望ましいです。

2　性的マイノリティの自殺関連行動の高さ

では、本題に移ります。まず、皆さんと共有したいこととして、性的マイノリティの方々の自殺関連行動が高いという事実があります。「自殺関連行動」とは、自殺念慮を抱いたり、自殺未遂を行ったり、実際に自殺を完遂することをいいます。欧米では、性的マイノリティの自殺関連行動が高いということが調査によって何度も報告され、専門家たちの間では共通認識となっています。有名な調査として米国政府（U.S. Department of Health and Human Service）が一九八九年に行った大規模なものがありますが、そのレポートでは、ゲイ・レズビアンの若者がほかの若者よりも二倍から三倍自殺未遂をする可能性が高いと報告されました[(1)]。この調査をきっかけにして、以後、欧米で多くの調査が行われ、同様の結果が繰り返し報告されるようになっています。

ちょうどこのシンポジウムの依頼を受けた頃ですが、二〇一〇年の九月から一〇月にかけて、米国で一〇代のゲイが何人も相次いでいじめによって自死するという出来事がありました。そのうち二人は一三歳、もう一人は一八歳の大学生で、大学生のほうは自室で同性の恋人と性的接触をしているところをインターネット上に生中継され、それを苦にして川に身を投げたというものです。これらの出来事がニュースになったあと、インターネット上に、性的マイノリティの若者へ向けての応援メッセージの動画が、次々と――最初は米国の一般市民から、その後は著名な芸能人や米国大統領からも――寄せられ、〝It Gets Better Project〟と呼ばれる運動へと展開し、二〇一〇年一〇月現在、数千規模のメッセージが集まるに至っています。米国では、性的マイノリティの若者の自死の問題を考えようという世論の声が成り立つようです。

日本でも性的マイノリティの当事者が自死したという例はいくつかあるわけですが、そのことが、本人が性的マイノリティであることも明らかにされたうえで、ニュースになった例は、私の知る限りではありません。もちろん、そのことがニュースにならない背景には、プライバシーの問題や遺族への配慮など、複数の込み入った要因がはたらいていると思います。

一九九五年に、埼玉県で中学一年生の男子が自死で亡くなったというニュースが各社の新聞記事に——どの新聞でも小さな記事だったのですが——取り上げられたことがあります。各社の記事によると、その中学生の日記には、好きになった相手に冷たくされて悩んでいたことが書かれてあったそうです。複数の新聞記事を合わせて読んでみると、その中学生が同性愛に関することで悩んでいたのではないかということが見えてきます。以下、三つの異なる新聞社の記事を列挙してみます。

ある新聞社の記事には次のように書かれていました。

「この生徒の日記には、『好きな相手に冷たくされた』などの記述があり、ふだんから『自殺したい』と両親に話していた」(2)

別の新聞社の記事には以下のように書かれています。

「日記に恋愛についての悩みが書かれており、日ごろから『自殺したい』などと話して、さまざまな自殺の方法を紹介した本を読んでいた」(3)

さらに、別の新聞社の記事には次のように書かれています。

「残された日記には、男の友達に冷たくされたと思い込み、悩んでいる心境がつづられていた」(4)

前者二つの記事で、この中学生男子は「好きな相手に冷たくされた」と思い、「恋愛についての悩み」を抱えていたことがわかります。そして、最後の記事では、「好きな相手」という箇所が「男の友達」に置き換わっています。憶測の域を出ませんが、これらの記事を並べて読むと、「この中学生が好きになった相手は男性だったのだろう」、そして「好きになった男子に『冷たくされた』と思い、悩んでいたのだろう」というふうに読み取ることもできます。「同性愛」「ゲイ」という表現はどの記事にも出てこないのですが、複数の記事の記述を合わせてみると、見えてくる背景があるようです。記事を書いた記者は、当然遺族への配慮も考えたことでしょう。

自死したこと自体が明らかにされにくい現状があるなかで、自死した当人が性的マイノリティであることがニュースの中で明かされるケースは、非常に稀だと思われます。

日本では性的マイノリティのメンタルヘルスの実態を明らかにしようという調査の数自体も驚くほど少ないのですが、その少ない調査をみてみると、日本も欧米と同様の状況にあることがわかります。たとえば、数千人規模のゲイ・バイセクシュアル男性を対象とした調査では、約六割が自殺を考えたことがあり、十数パーセントが自殺未遂をしたことがあると答えています[(5)]。また、異性愛でない男性の自殺未遂率が、異性愛の男性の約六倍であるという結果も報告されています[(6)]。性同一性障害の人を対象にした調査では、自殺念慮が六二％の人に見られ、自殺企図が一〇％ぐらいの人に見られたという結果が報告されています[(7)]。

何故、性的マイノリティの人たちの自殺関連行動が高いのでしょうか。端的に言えば、「社会のなかにある偏見のために性的マイノリティの人たちが生きづらさを抱えているから」ということになるでしょうが、今日の私の話は、そこの部分を少し掘り下げて、私の感じるその背景要因みたいなことをお話ししたいと思います。

3「この世に生きる」ことの根づかなさ

私自身、身近に関わった性的マイノリティの人が自死するという経験を何度かしています。そのときに私が受けた感覚は、性的マイノリティの人の「存在の根っこ」というか「存在の基盤」がこの世にしっかりと根づいていない、「この世に生きる」ということが根づいていないという印象でした。もちろん私が関わった方々だけの話なので、性的マイノリティの皆がそういうわけではないという前提で話をしています。私の知っている、自死された性的マイノリティの方々は皆「うつ病」「気分障害」という精神的な不調、精神的な病気といえる状態に陥っていました。私は精神科医としての仕事もしているので、うつ病で自殺念慮を抱く人とお会いしていく場合、本当に自死してしまわないかどうかということを注意深く見ながらお会いしていくわけですが、ほかのうつ病の人と比べた場合に、性的マイノリティでうつ病の人は――表現が適切かどうかわかりませんが――「これぐらいの段階でもう自死してしまうのか」という印象をもったことが何度かあります。ほかのうつ病の人ならまだ自死に至らないと思われる状態像において――自死してしまうほど重い状態ではないと思われる段階において――性的マイノリティのうつ病の人は自死してしまうという印象を受けたことがあります。その人をこの世に引き留めておくものが弱い、この世に繋いでおくものが細い、そのような印象を私はもっています。

4 「フォビア」、および「内面化されたフォビア」

性的マイノリティを取り巻く種々の問題を考察する際に、「フォビア」という言葉がよく使われるので、皆さんに紹介しておきたいと思います。「フォビア」とは、性的マイノリティの人に対して使われる場合には、「性的マイノリティを合理的な根拠なしに否定的にとらえる心性」のことを言います。端的に言うと、性的マイノリティに対する偏見や嫌悪感のことを指します。フォビアとは「恐怖」や「怖れ」という意味なのですが、人間は自分が掌握しきれないものに対して「怖れ」「畏れ」を抱きやすい、「怖れ」「畏れ」を抱く傾向がある、そのようなことを表しているように私には思えます。

同性愛の人に対するフォビアを「ホモフォビア」、性別違和を抱く人に対するフォビアを「トランスフォビア」と言ったりします。「ホモ」や「おかま」という言葉が笑いのネタやからかいのネタとして使われることは皆さんの日常生活の中でもしばしばあると思いますが、そのようなこともフォビアの表れであると考えられます。

性的マイノリティの人たちのなかには、幼少時から成長してくる過程で、社会のなかにあるフォビアを自らのなかに内面化し、自らの価値観としてしまう人たちもいます。このことを「内面化されたフォビア」と呼びます。同性愛の男性は、平均すると一三歳頃に自分が同性愛であることになんとなく気づき、一六歳頃にははっきりと気づくという調査結果があります[5]。ある二〇代の同性愛の男性は、自分がゲイだと気づいたときの体験を次のように述べています。「周りが笑いのネタにしている『ホモ』『ゲイ』という言葉と、自分とが繋がった瞬間、私は自分を嫌いになった。中学二年の時、部活仲間に恋をした。でも告白はおろか、男に恋心を抱く自分は『人としてオカシイのかも』と感じたことを覚えています……『俺はゲイなんだ』って、自分につぶやいた時、まるで死刑宣告をされた気分になった」。

性的マイノリティの人達の「この世に生きることが根づいていない感じ」と、この「内面化されたフォビア」との間には、関係があるのではないかという印象を私はもっています。

5「魔女狩り」

「内面化されたフォビア」というものが、夢のなかにどのような形であらわれてくるのかということを紹介して、皆さんにちょっとその感触を感じていただければと思います。

あるゲイの方がみた夢です。

夜道を歩いていると、体格のよい坊主頭の若者たち数人と町の有力者たちであろうか、道端でヒソヒソと立ち話をしている。私は直観的に、えもいわれぬ恐怖を覚えるが、不安をさとられてはならない。素知らぬ顔で通り過ぎてゆこうとする。彼らの真横にさしかかると、彼らの鋭い目付きが私の上に注がれてくるのが痛いほどに感じられる。私の心臓は、彼らにきこえてしまうのではないかと思うほど大きく鼓動しているし、シャツは汗でびっしょりである。それでも私は笑顔をみせ「何かあったのですか」という表情で通りすぎてゆく。三メートル、五メートル、……彼らの視線がまだ私の背中に注がれ続けている。五十メートルほど離れたところまできた時、丁度さしかかった十字路の右側の方から今度は不意に「いたぞ！」という大きな声が響きわたる。再び全身に恐怖が走る。みると、手に手に棍棒をもった「自警団」が一人の青年をつかまえたところだ。先程の男たちも私の背後から我先にと走ってくるのがきこえる。青年たちはみる間に衣服をはぎとられてゆく。さらに別の方向から、またもや夜空をつき破るように大きな声がきこえてくる。「ヴァンパイアがいたぞ！」(8)

これは、大場登さんというユング派分析家の方が論文のなかで報告している夢なのですが、迫害される感じ・追われる感じ、そしてすごい恐怖感が表れていると思います。

この夢を読んで私に浮かんできた言葉は、著者の大場さんも言及していますが、「魔女狩り」という言葉です。夢のなかで追われる対象となっているのは「ヴァンパイア」であるようですが、ここでは深入りしませんが、「ヴァンパイア」のイメージと「魔女」のイメージにはかなり重なり合う部分、同根の部分があります。

「魔女狩り」は、西暦一六〇〇年前後のヨーロッパで数百年間続き、万単位の数の男女が、魔女であるとされ残虐なやり方で殺されましたが、「魔女」を迫害する際に、「性（セクシュアリティ）」に関する事柄が、魔女とされた人達に投影されるという現象が起きていました。魔女は悪魔と性交する、それだけでなく魔女同士の性交、近親相姦、「あらゆる種類の乱淫が魔女集会では行われると想像してよい」と、当時の異端審問官は書き記しています[9]。一五世紀に二人のドミニコ会修道士によって『魔女への鉄槌』という書物が著され、それが魔女とされた人々を迫害する際の手引書にもなったのですが、そのなかでも「魔女」が行うとされるさまざまな性的な事柄が詳細に描写されています。「性（セクシュアリティ）」は、人間にとってポジティブな意味合いをもちえるものですが、同時に、ネガティブなものを他者に投影する強大な誘因にもなりえることを、我々はよく認識しておく必要があります。

何故「魔女狩り」という話をここで持ち出しているかというと――「魔女狩り」などという数百年前のヨーロッパの出来事が、現代の日本に住む我々に関係あるのかと思う人もいるかもしれませんが――現代の日本でも、実際に同性愛の人を対象にした「魔女狩り」的な出来事が起こり、人が殺されたことがあります。マスコミにもほとんど取り上げられていないのでご存じない方が多いと思いますが、西暦二〇〇〇年の東京で、中高生を含む少年たちが「ホモ狩り」と称して、同性愛の人たちを狙った暴行・強盗を繰り返し起こし、一人の男性を殺害するに至った事件がありました。中高生の一人は「ここに来るホモ連中は人間のクズで変態野郎達ですごくムカつく奴らと思ってました」「そんな連中はどうなってもかまわない」と述べていたとのことです[10]。この事件のことを知って、私には、一七世紀前後のヨーロッパで起きた「魔女狩り」が、現代の日本において再演されてしまったように思えたのでした。ある特定の集団の人々に対してネガティブなものが投影されると、その人々はもはや「我々」と同等の存在ではなくなり、「迫害の対象としてもよい」存在になり変わります。一七世紀前後のヨーロッパでも現代の日本でも、共通している人間の心性がはたらいているように思えます。

少し話が変わるようですが、米国の精神医学では、一九七〇年代に「自我違和性同性愛」という用語が作られ一九八〇年代後半までＤＳＭと呼ばれる公式の診断基準のなかで採用されていました。「(同性愛それ自体は病気ではないが）本人が同性愛であることを悩んでいて援助を求める場合には精神医学の対象になる」とされ、「自らが同性愛であることに違和感を感じている」状態を指す言葉として作られたものです。米国では「同性愛者のほとんどすべてが、最初は自我違和的な段階を通り抜ける」という理由で一九八〇年代以降は使われなくなった言葉です。「自我違和性同性愛」は〝ego-dystonic homosexuality〟の和訳ですが、英語では〝ego-alien homosexuality〟と表記されることもありました。すなわち、自我にとって同性愛が「エイリアン alien」だと感じられている状態です。「ヴァンパイア」も「エイリアン」の一つの表現形だと考えるならば、先程の夢では、まさしく夢見手が同性愛者である自分を「エイリアン」だと感じている状態がリアルに表れていると言えます。

6　輸入された「フォビア」

先ほど、「フォビア」の話をしましたが、性的マイノリティに対するフォビアは昔から日本にもあったのかというとそうでもないようです。その話を次にします。

唐突ですが、「変態」という日本語がありますよね。「異常」とか「倒錯」とかいう意味で使われる言葉ですが、最近は少しそうでもなくなったようですが、「同性愛」も「変態」という扱いをけっこう受けていましたよね。

「変態」という日本語が「倒錯」という意味合いで使われるようになったのは、実はそんなに昔のことではなくて、大正時代、一九一〇年代から一九二〇年代頃の話です[11]。それ以前の「変態」という日本語には、「姿が変わる」とか「常態ではない」という意味しかありませんでした。

同様に「同性愛」という日本語自体が作られたのも、そんなに昔のことではなくて一九二〇年頃です。同性同士の性愛の関係は、それ以前は「男色」「衆道」と呼ばれ――これらは男性同士の関係に限りますが――大正時代より前の日本には、同性同士の性愛の関係を、殊更に特別視し異常視する視点は存在していませんでした。

その日本の状況が変わっていったのは、大正時代に、人間の性（セクシュアリティ）を「医療化」してとらえる西洋精神医学の観点が、主にドイツ語圏から輸入されてからです。ドイツ語圏の精神科医クラフト＝エビングの著した〝Psychopathia Sexualis〟という書物が一九一三年に『変態性欲心理』という日本語名で紹介されたことが、その大きなきっかけとなりました。この本が翻訳されて以降、タイトルに「変態」という言葉を冠した書籍・雑誌が次々と出版され、「倒錯」という意味の「変態」という言葉が日本の一般大衆の間にも広まっていったのです。

同時に、先述した「内面化されたフォビア」も、一九二〇年頃に出現しはじめます。たとえば、一九二二年、『変態性欲』という名称の性科学系の雑誌に、匿名の「同性愛者」から、次のように書かれた手紙が寄せられています[12]。

「……此の自分の変態な恋に苦しむ『辛さ』を或は此方面としては有り触れた事かも知れませんが

書き綴って、理解深き先生に打ち明けて、せめてもの心やりとしたいと思ひます……先生の科学的な立場から離れて、此不幸に生まれて来た自分を憐れんで下さい……先生何とかならないものでせうか。実に苦しいのです」。

同じ雑誌の別の号には、「同性の裸体、ことに生殖器を窃視することに快感を感じることに悩んでいる」という匿名の人物から、「御恥ずかしい話ですが、変態性欲の所有者で御座います」と書かれた手紙が寄せられています。自ら「変態性欲の所有者」だと称し、自分自身の存在を貶める「同性愛者」が、この頃登場し始めたわけです。

――はたして、「男色」や「衆道」という名の下で同性同士の親密な関係を築いていた大正時代以前の人々は、このように自らの存在を貶めてとらえていたものでしょうか。

大正時代に、人間の性（セクシュアリティ）の多彩な表現形を「正常」と「異常」とに分類して、ある種の表現形を「倒錯」「変態」とラベリングする考え方が世間一般にも広まったことで、性的マイノリティに対する「フォビア」が日本にも蔓延することになりました。現代の日本に存在する、性的マイノリティに対する「フォビア」は、大正時代、一九二〇年頃に生じた日本人のメンタリティの西欧化に由来する部分が大きいのだろうと私は思います。

7　「罪」という考え方

「同性愛は（神に反する）罪だ」という考え方がありますよね。主にキリスト教に由来する考え方だと思いますが、このときの「罪」は英語でいう〝sin〟です。「犯罪」という意味で使われる〝crime〟とは違い、〝sin〟はより道徳的な意味合い、より人間の基盤、人間の「存在の根っこ」に関係するような「罪」だといえます。

同性愛の人のなかで、リストカットなどの自傷行為をする人がいます。特に思春期の頃に自傷行為の体験をしている人が多いようです。「同性を好きになることはいけないこと、罰を与えなければ」「自分は動物として間違っている」などと自らを責めるような思いを抱き、自らを傷つける同性愛の中学生・高校生が——その事実が明らかになるのは、彼ら・彼女らが成人してから、思春期の体験をようやく言語化できるようになってからのことが多いですが——います。そのような中学生・高校生は、西洋——「罪 sin」という考え方の発祥地である西洋——にだけでなく、現代の日本にも数多くいます。キリスト教では人間は皆「原罪 original sin」を背負っていると考えますが、私は、多くの人間たちが本当は自分が背負うべき「罪 sin」を「性的マイノリティ」の人々に押し付けているがために、性的マイノリティの人々が必要以上に「罪」の意識に苦しめられているのではないか、と思うことがあります。

今回のシンポジウムを企画した秋田先生は、「西洋精神医学は『原罪』の上に成り立っているとさえいえる側面を持つ」と著書の中で言っておられます。また、「(西洋精神医学の) 背景には、『キリスト教』が確かに存在する」とも述べておられます[13]。私もその通りだと思います。西洋精神医学の背景に「キリスト教」が存在しているがために、DSMのなかで同性愛に対して「エイリアン的」な表現が与えられたり、西洋精神医学が輸入された大正時代以降の日本において、同性愛に対して「変態」「倒錯」という呼称が与えられていったのだろうと思います。そうして、日本の「同性愛者」たちに、「罪」の意識が植え付けられていったのだと思います。

8　日本人にとっての「罪」

ここで思うのは、「罪 sin」という概念は西洋的な概念であるように思えるわけですが、では、古来からの日本には「罪」という考え方がなかったのかというと、それはそうでもないようです。日本書紀の中に、日本でいちばん古い「同性愛」の記述だと言われているエピソードが出てくるのですが、そのエピソードが「罪」という言葉とともに紹介されています。「神功皇后摂政元年二月」という箇所に出てくるエピソードで、神功皇后が今の和歌山県の小竹という場所に行ったときの話です。

まずは、訓み下し文を紹介します。

是の時に適《あた》りて、昼の暗きこと夜の如くして、已に多くの日を経ぬ。時人《ときのひと》の曰く、「常夜《とこやみ》行く」といふなり。皇后《きさき》、紀直《きのあたい》の祖豊耳《おやとよみみ》に問ひて曰《のたま》はく、「是の怪《しるまし》は何の由《ゆゑ》ぞ」とのたまふ。時に一《ひとり》の老父《おきな》有りて曰《まう》さく、「伝《つて》に聞く、是の如《かく》き怪《しるまし》をば、阿豆那比《あづなひ》の罪と謂ふ」とまうす。「何の謂《いひ》ぞ」と問ひたまふ。対《こた》へて曰《まう》さく、「二《ふたつ》の社《やしろ》の祝者《はふり》を、共に合せ葬《をさ》むるか」とまうす。因りて、巷里《むらさと》に推問《と》はしむるに、一《ひとり》の人有りて曰《まう》さく、「小竹《しの》の祝《はふり》と天野《あまの》の祝《はふり》と、共に善《うるは》しき友たりき。小竹の祝、逢病《やまひ》して死《みまか》りぬ。天野の祝、血泣《いさ》ちて曰はく、『吾は生けりしときに交友《うるはしきとも》たりき。何ぞ死して穴を同じくすること無けむや』といひて、則ち屍の側《ほとり》に伏して自ら死す。仍《よ》りて合せ葬《をさ》む。蓋《けだ》し是《これ》か」とまうす。乃《すなは》ち墓を開きて視れば実《まこと》なり。故《かれ》、更に棺櫬《ひつぎ》を改めて、各々異処《ことどころ》にして埋《うづ》む。則ち日の暉《ひかり》炳燦《て》りて、日《ひる》と夜と別《わきだめ》有り[(14)]。

現代語訳は、以下のようになります。

このときちょうど夜のような暗さとなって何日も経った。時の人は「常夜行《とこやみ》く」と言ったそうだ。皇后は紀直《きのあたい》の先祖、豊耳に問われて、「この変事は何のせいだろう」と。一人の翁がいうのに、「聞くところでは、このような変事を阿豆那比《あずなひ》の罪というそうです」と。「どういうわけか」と問われると答えて、「二の祝者《はふり》を一緒に葬ってあるからでしょうか」という。それで村人に問わせると、ある人がいうのに、「小竹の祝《はふり》と、天野の祝《はふり》は、仲の良い友人であった。小竹の祝が病になり死ぬと、天野の祝が激しく泣いて『私は彼が生きているとき、良い友達であった。どうして死後穴を同じくすることが避けられようか』といい、屍のそばに自ら伏して死んだ。それで合葬したが、思うにこれだろうか」と。墓を開いてみると本当だった。ひつぎを改めてそれぞれ別のところへ埋めた。すると日の光が輝いて、昼と夜の区別ができた[(15)]。

親密な関係にあった二人の神官（祝者）が——二人とも男性であると思われますが——いるわけですが、そのうちの一人が病死し、そのあと、彼を深く慕うもう一人の神官も彼と一緒に埋葬されることを望み、後を追って自死します。願い通りに二人は一緒に埋葬されるのですが、その後、この地域には陽の光が差し込まなくなり真っ暗な状態が何日も続くようになります。日本書紀ではこのことを「あずなひの罪」と称しています。

「あずなひの罪」によって、日中なのに夜のように暗い状態が続くという（天照大神が岩戸に引きこもったときと同じような）天変地異的な現象が起きているわけですが、この「あずなひの罪」というものが一体どのような罪なのか、ということが気になります。「男色」の罪ではないという説もありえそうです。系統の異なる二つの神社の神官を一緒に穴に埋葬したことを「罪」と呼んでいるのだ、という考え方もありえそうです。しかし、そうだとしても、それを具体的に表現する際に、なぜ、「激しく泣いて」「屍のそばに自ら伏して死んだ」などという、後世の衆道をも彷彿させるような記述になったのかということに目を向け考えを投じてみる必要はあるように思います。

西洋において、同性愛は、キリスト教的な「罪 sin」を、かなり歴史の初期の頃から背負わされているわけですが、古代の日本における「罪」は、キリスト教的な「罪 sin」とはかなり質の異なる「罪」だと思われます。日本における「罪」は、祓いの儀式によって祓われ、水に流されていってしまうものかもしれません。それでも、天変地異的な現象を起こすぐらいの「罪」が、日本最古ともいえる文献に、男色らしきものとの関連性において記されていることは、現代の日本で多くの同性愛者のクライエントと会っている私にとっては、注目に値することのように思えます。

現代の日本に住まう同性愛者に対して、古来からの日本にある「罪」の概念と、近代以降の西洋由来の「罪 sin」という概念が、どのような影響を及ぼしているか、それらを総合して考えることは今の私には大仕事すぎてとてもできないことですが、ここに述べてきた「罪」という考え方が、性的マイノリティに対する「フォビア」を生み出し、性的マイノリティの「存在の基盤」を損ねる大きな要因になってきたことはまちがいないように思います。

そもそも日本人にとって何が「罪」と感じられどのように「罪」を感じるのかについては、今後もう少し掘り下げて考えていきたいと思っています。

9　心理的孤立

私の話はまとまりなく終わるだろうと思っていたのですが、やはりそうなりそうです。最後に皆さんにお伝えしたいこととして、性的マイノリティの人たちで、周囲の身近な人々にカミングアウトして生活している人は多くはないです。性的マイノリティは少なく見積もっても五〇人に一人はいると言われていますが、「自分の身近な知り合い・友人に性的マイノリティがいる」と言える人は、この会場にいる人でもそれほど多くはないのではないでしょうか。

「物理的に孤立していなくても心理的に孤立している」、そういう状態が性的マイノリティの人には生じやすいです。この会場にも今、何人かの性的マイノリティの当事者の方々がおられることと思いますす。その方々も、ふだんの生活のなかで孤立感を感じることがあるのではないでしょうか。他のシンポジストの方が、先ほど、自死に至る要因の一つとして「孤立」を挙げていました。性的マイノリティの自殺関連行動を減らすためには、当事者の「心理的な孤立を軽減すること」が必要だと私は思っています。

自分のまわりにいる性的マイノリティの心理的な孤立を減らすために何ができるのか、今日会場に来てくださった皆さん一人ひとりに考えていただければありがたいと思います。

金山　ありがとうございました。

文献

(1) Gibson, P.: Gay male and lesbian youth suicide. In M. Feinleib, (Ed.), Report of the Secretary's Task Force on Youth Suicide. 3: *US Department of Health and Human Services*, 1989, pp.110-142.

(2)『読売新聞』一九九五年三月一八日夕刊　一一頁

(3)『東京新聞』一九九五年三月一八日夕刊　一一頁

(4)『毎日新聞』一九九五年三月一八日夕刊　九頁

(5) 日高庸晴「ＭＳＭ（Men who have Sex with Men）のＨＩＶ感染リスク行動の心理・社会的要因に関する行動疫学的研究」『日本エイズ学会誌』一〇巻三号、二〇〇八年、一七五–一八三頁

(6) Hidaka, Y., Operario, D., Takenaka, M., Omori, S., Ichikawa, S., and Shirasaka, T.: Attempted Suicide and Associated Risk Factors among Youth in Urban Japan. *Social Psychiatry and Psychiatric Epidemiology*, **43** (9), 2008, pp.752-757.

(7) 針間克己・石丸径一郎「性同一性障害と自殺」『精神科治療学』二五巻二号、二〇一〇年、二四五–二五一頁

(8) 大場登「同性愛者のカミング・アウトと夢」『イマーゴ』二巻一二号、一九九一年、二七六–二八三頁

(9) 森島恒雄『魔女狩り』、岩波書店、一九七〇年、八八頁

(10) 風間孝「（男性）同性愛者を抹消する暴力」『実践のフィールドワーク』、せりか書房、二〇〇二年、一〇〇頁

(11) 小田亮『一語の辞典―性』、三省堂、一九九六年、五四‐五八頁

(12) 古川誠「セクシュアリティの社会学」『わかりたいあなたのための社会学・入門』(別冊宝島一七六)、宝島社、一九九三年、一七六‐二一九頁

(13) 秋田巌「心理療法と人間―Disfigured Hero 試論―」『心理療法と人間関係』、岩波書店、二〇〇一年、一二〇頁

(14) 坂本太郎他『日本書紀 一』、岩波文庫、一九九四年、一六二頁

(15) 宇治谷孟『全現代語訳 日本書紀 上』、講談社学術文庫、一九八八年、一九六‐一九七頁

第五章　全体シンポジウム「死を育てる」

金山　それではシンポジストの先生方、壇上に上がっていただきまして、これから、シンポジウムに入っていきたいと思います。よろしいでしょうか？　まず今の段階で、発言したいという先生、おられましたら。

篠原　ちょっとだけ、情報としてお伝えしておきます。先程、私はかなりの多くの方々と対話、あるいは電話、相談を続けているということで、全国的に多くの方々からの相談のご要望があるので、今、全国に、四九ヵ所の窓口を開きました。そして、ハワイに一ヵ所。合計、今日の段階で、五〇ヵ所の相談窓口を開いております。残念ながら、京都と大阪は手を挙げてくださる方がいない。その理由はわかりません。

秋田　ありがとうございます。

まず先生方におうかがいしたいと思います。本日のシンポジウムのテーマは「死を育てる」なのですが、このことに関する話題があまり出てきませんでした（笑）。

まず平田先生に、「死を育てる」という観点からお話しいただけたらと思います。篠原先生も、ご著書に、救いきれなかった非常に痛切な事例として、同性愛の方のことを書いておられました。僕も臨床において本当に心してかからねばと感じております。

「死を育てる」という言葉が通用するのかどうか、ということも含めて、何かお考えがあれば、教えていただきたいと思います。

平田　本当に「死を育てる」というテーマを、特に自死との関連において、語ることが非常に難しいと思ったので、今回のシンポジウムを引き受けようかどうか迷ったというのが私の正直な思いなのですが。お引き受けしてから、「死を育てる」ということはどういうことなんだろうとずっと考えているのですが、結局、自死で亡くなった方々のことを考えたときに、「死を育てる」ということがどういうことなのかは私には何も言えそうにありません。平岡先生のお話にあった、充分に生を「生き切った」うえでの自死ならば、「死を育てる」という観点もありえるかと思うのですが、私自身の体験した自死の方々については、とてもそういうふうには、私自身が思えていないので。そこはもう、「言葉を閉じるしかない」というのが正直な思いです。

秋田　淀川長治という映画評論家がおられました。弟さんが自殺されているんです。ですが、自殺には絶対反対だということを言っています。神様がくれた答案用紙を破り捨ててしまうようなものだという言い方を、淀川さんはしています。

先日本学にお越しいただいた、千日回峰行を達成された藤波源信先生も、自殺は絶対肯定できないというふうな仰り方をしておられます。「死を育てる」という言葉と「自死」という言葉を、重ね合わせて考えることは簡単なことではありません。ですが、先生方のお話をうかがってるうちに、こんな感じがしてまいりました。

「死を育てる」と言っても、自死された方がそれを為すことはできえぬことです。死後の世界にまで視野を広げるならば別ですが。

そこで遺された者がそれをどう受け止めるか、という問題が残ります。それはどういうことかと言えば、自分の知り合いが亡くなった後、大事な人が亡くなった後、それをどう受け止めるか、その受け止め方の問題です。自死の後、亡くなった方の死に対するイメージは、変わらなければならないのではないか、という感覚が、今、してまいりました。自死が、単に、否定されるのみではいけないという感覚が生じてまいりました。それは肯定されていいということではなくて、「育てられなければいけない」。自死ということを経験された周りの方は、それを自分が受け止めて、自分が育てていく、続いて育てていかないといけない。そういう感じがしはじめたのです。つまり「死を育てる」という言葉でもって、多田富雄先生がお考えになったこととは多分ズレると思いますけれども、「死を育てる」べきは遺された者である、という感じがしてまいりました。

次に、渡辺先生、いかがでしょうか?

渡辺　そうですね。私の自殺の話と「死を育てる」という話と、なんとなく繋がっているようで、もう一つよくわからなくて…秋田先生の話を聴きたいなと思って来たのです。今、秋田先生が仰ってくださって、一つの観点としてそういうことがあるのだろうと思います。また、篠原先生が端的に言ってくださった、自殺と自死は分けなきゃいけないというのは、確かにそうだなと思いました。医学的な観点でも自殺と自死は分けるべきかなと思います。「死を育てる」というのは、秋田先生が仰ったように、今までにない観点で、遺った人が、亡くなった人、自死された人の「死を育てる」、これはひとつの観点だろうなと思います。ただ、多田先生が仰ったのは多分そうじゃないのだろうな。私は自分自身に置き換えて、自分が不治の病になって、あと余命数カ月というような話になった時に、「死を育てる」ということが何とかわかるのじゃないかなという気がします。どう感じるんかなぁと考えてたのですが、やっぱり、結局は何かを伝えたいと言いましょうかね、何かを遺したい、繋ぎたい、まぁそんな感覚なんだろうなと思うのです。自分は死ぬのだけれども、何か後に遺していきたい、繋げていきたいという感覚かなぁ。少しでも何かを遺していきたい、繋いでいきたいというような感覚が、「死を育てる」という感覚に近いのかなというふうに私自身は思います。ただ、これと自死自殺の問題とどう絡むのかというのは、ちょっと別問題です。

秋田　そう言っていただくと、遺された者が育てる、ということに、少し繋がってくる。引き継いでいかねばならない。逆に言ったら、引き継がれていくだけのものを自分のなかで育てないといけない、という言い方はできるのかもしれません。それはもう、一生懸命生きるということにつきるのかもしれません。

次に、平岡先生いかがでしょうか。

平岡　今日のテーマ、「死を育てる」、これは自殺と関連してということなのでしょうか？

秋田　はい。タイトルは「死を育てる」なのですが、その根底には自殺を防止したいという考えがもちろんあります。

平岡　だから、そこはリンクしてないといけないということですよね。それでは、一つだけ、繋ぎの話ということで。先程遺された人の死が育てられるべきである、という話がありました。これは授業でも言っているのですが、作家である柳田邦男さんは、自殺未遂をした息子さんの脳死状態を経験されていましたが、人称別の死ということを仰っています。一人称、二人称、三人称の死。一人称の死っていうのは、自分が死んでるので、これは死を考えるうえでは、もう役に立ちません。第三人称の死というのは、まぁ遠くにある人の死ということで、私にとってあまり関わりがない。一番大事なのは第二人称の死だと柳田さんは仰っています。つまり私の大切な人が亡くなったということが、その遺された者にものすごく深く死を感じさせるんだということを述べておられました。これは、先程の渡辺先生のデータでしたでしょうか、自殺した人の家族もまた自殺してしまうということと関連してくるように思います。だから、そこをうまくケアする必要があるでしょう。むしろ第二人称の死を有意に受け止めて、遺された人がそうならないようにということは、今日の「死を育てる」ということに繋がってくるのかなと感じました。

秋田　しっかりとケアすることの重要性ですね。

平岡　もう亡くなった命はかえってきませんから、言葉は悪いですけれども、それをどう活かすか。要するに、死というものが何か私達にメッセージを遺してくれたとするなら、それを否定的にとらえるんじゃなくて、じゃあ自分は一体、死というものをどうとらえるか、生というものをどうとらえていくのかというような、有意な受け取り方をする。あるいはケアするということも含めて、それが秋田先生の仰る、遺された人の「死を育てる」ということと繋がっていくのかなと思います。

秋田　ありがとうございます。次に、篠原先生、いかがでしょうか？

篠原　命ということに目を向けてみますと、当然のことながら、命というと、肉体という、動いている心臓を中心とするこの肉体を、丸ごと命と言うふうに、これはもう間違いないだろうと思うんですね。死を迎えるということは、この肉体が変化をして、そして、荼毘にふすことによって遺骨となる。肉体の変化で、すべて命というものが終わってしまったのだ、消えてしまったのだととらえてしまうと、やっぱり悲壮感がなかなか消えていかない。命というのはもう一つの部分、側面をもってる。それは何かというと、亡くなった方と共に過ごした時間であるとか、場所であるとか、共に行った行為であるとか、そういうものも実は命なんですね。肉体的な命は変化した。変化は、仏教で言うところの無常です。常ならずすべては移り変わっていくと。自死遺族の方々とずっと対話を続けています。

まず、一〇回位お会いしていく間のお話の内容は、すべて過去へ向かっていきます、ずっと。三〇歳のお嬢さんが亡くなったお母さんは今でも、もう三、四年になりますけれども、ちょうど、お嬢さんの幼稚園の頃のことをお話しになる。ずっと過去のこと。『幼稚園の時に私一度ひっぱたいたことがあるんですよ、きっとあのことであの子は死んでしまったんだ』と、そんなことはあるとは思えないんですけれども。でも、一度思い出や過去を時間をかけて振り返ってみる。その時にですね、これは多分にタイミングが必要ですけれども、『今までお話を聴いていると、辛かったことばっかりお話になっていますね。そのお嬢さんと過ごされた三〇年間で楽しいことはなかったんでしょうかね？　今日は私にお嬢さんとの三〇年間で親子として、母親として、楽しかったこと、嬉しかったこと、満たされたこと、ずっと話をしてくれませんか』って言って、お話を聴くのです。そうすると、かなり多くの、楽しかったこと。嬉しかったことが出てくるんです。そこで、『お嬢さんが自ら命を絶ったという、これは現実であり事実ですから、これは受け止めるしかありませんね』と。そして、『肉体は変化しましたね、でも今のお母さんのお話を聴いていますと、お母さんすごく楽しそうにお話しになってましたよ。それが何を表すかって言うと、実はお嬢さんはお母さんの中で生きてらっしゃるんじゃないですか？　つまり私達は肉体という命と、もう一つそういう〝生きた証《あかし》〟と言ってもよいと思うのですけれど、とりわけ、楽しかったことと、幸せを感じたこと。これも実は人間にとっては命であって、これからはそちらの方を抱きしめていけば、お嬢さんと共に生きていくことにはなりはしませんか』、そして、先程どなたか仰ったんですけれども、後追いという問題があるんですね。後追い自殺という。そのときにですね、『果たして後を追って、その方はお喜びになるでしょうか？　そうじゃなくて、今お聴きしてると大変楽しい幸せな日々があった。それを抱きしめながら、とにかく急ぐ必要はないので、この世でお母様が幸せな人生を全うされることによって、お嬢様も実は生かされている、命がお母さまのもとで生き続けていく』と。こういうように話し合いを進めていくと、自死遺族の方々の多くは比較的わかってくださるというのが私の実感なんです。ですから言います、『お母さん、本当にこの世で幸せになってくださいよ』と。で、なかには、『あの世に行きたいんです』と、『あの世に行きたいって言っても、あの世があるかどうか、どうするんですか?』、『いや私は信じてる』と仰るんです。あるご主人を亡くした奥さまはですね、子どもさんが二人いらっしゃるんです。お会いした当時は八カ月の女の子と三歳の男の子でした。『主人の後を追います』と仰る。『だけど主人の後を追ってどこに行くんですか?』『あの世です』『あの世に行ってご主人に会えますか』『いや私と主人は恋愛結婚で、渋谷の雑踏の中で待ってたら、必ず私を見つけてくれました。あの世へ行っても必ず私を見つけてくれるはずです』。『まぁそれはそれでいいでしょう。じゃあ、あの世に行ったときに、ご主人があなたに会って、何と仰るだろうか』と言ったら、『よく来た。お前よく来てくれたと言って、抱きしめてくれると思います』と仰るから、『私はそうは思わないんだけどな』『なんでですか』『俺達の子どもをどうしてきたんだって、きっと聞かれると思いますよ』。そこからが話が展開をしまして、その奥さまは、今、子育てをしっかりとなさって、急ぐことはないと言う。何か私、体験的なことでしか言えないのですけれど、命というものは、まず肉体的な命というとらえ方が一つある、これは当然のことでしょう。しかし、共に生きた時間だとか場所だとか、想い出とか、行為だとかいうのも、実は命。私は〝いのち〟と書いています。だから千の風になるわけです、新井満さんの「私はいつでもあなたの側にいますよ」というのが千の風。亡くなった人からのメッセージを新井満さんが、ああいう風に表現したんであって。たとえ一八歳で亡くなったとしても、一八年の人生を短いと思うか長いと思うかは、各々の物差しです。人それぞれの尺度ですよ。しかし私は、「たとえ一八歳だと言っても、その一八年間の人生を、お聴きすると、大変楽しいこともたくさんあった。つまり一八年の人生を生ききったととらえることが、お子さんを認めることにはなりはしませんか」と伝えます。こういう命に対してのとらえ方と、それに関わるメッセージを皆様方が、現場で自死遺族の方と、どう対話ができるかということだと、私は思うんですね。仏教では生死一如という言葉があります。生と死は一の如しと書きます。生死一如。死ねば生も終わりますね。生まれたからには必ず死にますね。生と死は切り離されたものではない。生死一如だから、今日のテーマを「死を育てる」という意味には、私は命を育てる、ということと一枚板なんだと。だから、「死を育てる」んであれば、やっぱり命を育てなければ意味がない。生死一如。これが仏教的な考え方ですし、今日のテーマの本質ではなかろうかというのが私の考え方です。

秋田　「死を育てる」と「命を育てる」が一枚板である、という重いご発言がいただけました。

金山　今の篠原先生のご発言にあった、遺された人のなかでの死。その、亡くなられた方へのということと、平田先生がお話されたその人本人のというのが、そんなふうに切り分けられるものでもないかなという思いと、話の角度としてあるかなという思いがあって、ちょっとだけ私も意見言っていいですか。

実はこのシンポジウムのお話を最初に秋田先生からお聴きした時に、非常にピンと来るものがあったんです。というのは何故かというと、その時最初に思ったのは、死の種を身の内に持ちながら生きていかざるをえない生き方っていうのがあるだろうなということを、たまたまかもしれませんけど、ちょうどすごく考えていたところがあって。それは死の種といいますか、結果的にその人が生まれた時代や社会のなかで、なかなか生きていくのが難しいもの、たとえば平田先生が提起してくださったようなテーマであるとか。それだけに、問題の深さとか種類はもちろんそれぞれ単純に比較できることではないと思うんですけれども。そういったものを、少なくとも自分で選んでではない成り行きのなかでもちながら生きてる方って、結構多いように思うんです。また、今の時代のなかで、増えてこられたりする面もあるように感じます。それは、死の種という言い方をしましたけれど、なかなかダイレクトに生きる方向に結びつかないもの、でも自分が生きていくうえでそれは無いことにはならないものとして自分のなかにあって。そういった人は多分、とても生きにくい。平田先生のお話は、すごく端的にそれを話してくださっていたんじゃないかと思います。

そういうイメージが最初にあって、それがさっき平岡先生が仰った一人称的な死かどうかわかりませんけれど、自分のものとしての死を育てるということと、それから、実際に亡くなる方を、人を亡くすという体験を身近にもって、遺された方の死を育てるということがあったりするのかなと思ったりもします。

その点からでも結構ですし、その点以外からでも結構ですし、ご意見ありましたら。そろそろ、フロアの方からもちょっと手を挙げたいなというふうな。あ、早速挙げてくださいました。岡田先生、お願いします。

岡田　連想なんですけれども、日本文化は「死を育てる」っていう主語を入れますと、ぴったりくるんかなと思うんですね。文楽であるとか能であるとか、ああいうものは全部、死をテーマにしていますよね。そのなかで、昔の人は死を育ててたんじゃないかなというふうに思いますね。今の人はそういうことを全然考えなくて、死を育ててない。それを皆さんが、敏感に感じられて、テーマに「死を育てる」ってもってこられたのかなぁと思って、すごく感心してます。だから、今日は、自死か自殺かで、そういう切り口から「死を育てる」って言うか、死を前にもってこられて、皆が自分のなかで死を育ててるのかなぁ。だから今、金山先生が仰られたこととちょっと似てるかなぁと思いますが。それがひとつね。あともうひとつは、結局死ななければならないわけですけれども、人間は。そうすると、いつ死ねるかっていうふうに考えたら、やっぱり自分の中で死を育てておかないと死ねないかなぁという感じがする。なんかそんなことを連想していたわけです。

篠原　最初このタイトルをいただいた時に思ってたんですけれども、「死を育てる」という言葉は、最初のこれをご発言なさった先生は、どこまで掘り下げたご発言だったかというのは、私はその著書を拝見してないのでわからないんですが、私としては実は、仏教でこういう言葉があるんですね「生《しょう》をあきらめ死をあきらむるは仏家一大事《ぶっけいちだいじ》の因縁なり」。あきらむるということは、明らかにするということです。我々人間がこの世に生を受けて最大のテーマは、死とは何か、生とは何かを明らかにすることがまず必要なんだと。これが「生をあきらめ死をあきらむるは仏家一大事の因縁なり」。ここから出発する。これをもっと現代的に言いますとね、生死の問題、生と死の問題を学び考え受けとめること。日本では今、生死について学ぶプログラムが学校教育のなかに入ってないんですよ。端的に、命の誕生のメカニズム的なものは、皆さん、小学校や高校のときに教わりました？　皆さんは誰から生まれたんですか？　当たり前でしょう、お父さんとお母さんから生まれたでしょう。お父さんとお母さん誰から生まれたんですか？　おじいちゃんとおばあちゃんでしょう。一〇代までさかのぼっていったら、どれ位の人間になるか知ってますか？　皆さん、自分を基準にして一〇代までさかのぼったら、皆さんの命の背景には一〇二六人いらっしゃるんですよ。二〇代までさかのぼっていくと、一、〇四八、五六八人いらっしゃるんですよ。そういう命が絶え間なく続いてきたから、皆さんここに生きてらっしゃる。もっと身近なことで言えば、今朝目が覚めたから皆さんここにいらっしゃる。今朝目が覚めなかったらここにはいないんですよ。ということがひとつ。それから最近は筑波大学名誉教授の村上和雄先生がよく仰ってるからご存知でしょうけれども、実は私達の年齢っていうのは、私は六五歳だけど、実は生命学的に言うと三八億六五歳なんだよって。つまりどういうことかというと、お母さんの胎内で精子と卵子が結合して、細胞が増幅しはじめますよね。最初は魚ですよ、魚が爬虫類になって、やっと哺乳類になって、やがてヒトの形をして、そしてお母さんのおなかから、霊長目ヒト科ホモサピエンスとして生まれる。なんと俗に言う十月十日の間に、私たちは生命誕生の歴史三八億年を経過してきた命なんです。これを聞いてびっくりせずにはおられない。こういう生命誕生のメカニズム等についての、あるいは命は連鎖されたものなんだと伝える必要があります。よく私のところに『俺の命なんかどうしたっていいじゃないか』って暴走族がやってきますよ。『そうか？その命はあなた、誰からもらったんだ？』って、今の話を語るわけです。今日初めて聴いた方もあるかもしれないけど。そういう側面からもやっぱり皆さんに、認識をして欲しいと思います。生命の重さ。生命は作ることはできない。授かりものとしか言いようがありませんね。こういうことも「生をあきらめ死をあきらむる」、明らかにするということにも繋がっていく。だから私は、死を見つめている当事者との対話は続けます。後を追うということを切々と語っていかれる自死遺族とも語ります。しかしもう一つのプログラムとして、まだそういうことに対してまったく考えてもいない、思いついたこともない、まぁせいぜい少しいじめを受けた位かなというふうな高校生や中学生に、話しに行くんです、体育館で。命っていうのはこういうことなんだよと。これを根本苦というのです。だからさっき先生が仰ったように、生老病死ですから、生まれたものは死ぬんだと。これを根本苦というのです。お金があるかないかは関係ない。誰だって死ぬんですよ。来年歳を取らない人いますか？　皆、歳を取るでしょう。生老病死。だけれども、私が言いたかったことは、社会苦というのは、これは私達が作った社会的な構造からくる苦悩だから、これは取り除くことができる。そうすることによって、社会苦で苦しんで、自死へ向かう人達の行為は止めることができる。だからこのテーマをもう少し今後、皆さんで煮詰めていただいて、根本的な人間としての苦悩と、それから社会苦と言われている苦悩を見つめていただきたいのです。ティクナット・ハーンという人、聞いたことありますか？　お坊さんで、ベトナム戦争のときに立ちあがった人ですけれども、『宗教者が社会的な苦悩に目を向けないでどうするんだ』って言って、エンゲージ・ブッディズムという提唱をなさった。エンゲージ・ブッディズムというのは、行動する仏教、あるいは菩薩行を実践する仏教という意味にとらえたらいいと思いますけれども。要はそういう意味から、我々は教育のなかに、もう一度、生命とは何か？　命とは何か？　生とは何か？　死とは何か？　この辺りのことをきちっと見つめてみるような、教育を行う必要があると思います。皆さん命について語る教育者になってください。参考のために出版されたばっかりの本です、新井満さんの『死の授業』という本。これは大変わかりやすいです。新井満さんから勧められたので私買ってきましたけれど、たいへん参考になります。是非生死一如を、皆さんも若い頭脳で見つめてください。

金山　ありがとうございました。

フロア1　ちょっとすみません、ひとつ。イエス、ノーだけで、よろしいですから。ひとつですね。自殺する人は死の直前において、家族、友人とか知人とかのことを考えてるんでしょうか？っていうことが、ひとつ。それからもうひとつ、私まだ七〇代ですけれども、まだこれから三〇年生きるつもりなんですね。その三〇年をどう生きるかですけれども、私、ずっと育ってきてですね、非常に豊かになった。マイカーありハウスあり。にもかかわらず、心が貧困である。もう自分のことしか考えていない、というこの社会はどうすればいいのか、ちょっと簡単でよろしいから、どの先生でもよろしいから、ちょっと一言答えていただきたい。それだけですね。以上です。

金山　ありがとうございます。どうでしょうか？

篠原　たとえば福井県の東尋坊だとか、それから樹海から帰ってきた若者、私、随分会っています。で、訊くんです『どうだった？』って。『怖かった』って言うんです。『怖かった、体が怖がるんです』って言う。つまりですね、これ言いかえると、死にたくないんですよ、皆。本当は死にたくないんです。これ実感として。それから後の方、何でしたっけ？

フロア1　豊かな時代に。

篠原　これはね、この間皆さんご承知の、諏訪中央病院の名誉医院長鎌田先生とお話して、共通したことを申し上げます。豊かという。

フロア1　物的ですよ。

篠原　物的。今なぜこんなに日本は不景気かっていうと、誰もがお金を回さないからですよ。それともう一つはね、優しさやあたたかさが回ってないんです。日本で今二つのものが回ってないという結論に達したんです。一つはお金が回ってない、回さなきゃいけない。だけど先々不安だから、皆、貯め込んじゃうでしょう。そしたらもっと日本経済おかしくなりますよ。それからもうひとつ、それ以上に大切なのは、優しさですよ。他人に対するあたたかさです。かつて我々日本人は冠婚葬祭を中心とする祭りごとで、そういうものをみんな学んだわけですね。是非皆さん、優しさやあたたかさを回すことのできる人間になってください。

渡辺　一言で言うと、千差万別ですね。病的な状態まで追い込まれた人っていうのは、考えられていない。心理的視野狭窄と言って、まったくそういったことまで考えられないということがあります。もうひとつは、むしろ家族のために自分が死ななければならない人ですね。家族のために死ぬ、というのがありますね。それからもうひとつは、もっと逆に恨みをもって、死んでやるという人たちもいます、残念ながら。そういう点で言うと、いろいろなタイプがあるので、一言では言えないというのが実感ですね。

フロア1　ありがとうございます。

渡辺　いろいろ話を聞いていて思い出したのですけど、精神科の臨床やってると、心気症と言いますけどずっと身体のことばっかり心配している人があります。これ癌じゃないでしょうか?などとちょっとしたことで病気ばっかり心配している。死ぬんじゃないか、死ぬんじゃないかと心配してる人がいっぱいいます。実はそういった人のなかで、本当に癌になる人があるのですよ。大したことないことでしょっちゅう検査ばかり受けていて、この人が癌になったらえらいことになるなぁと思ってる人の中でほんとに癌になってしまった患者さんが何人かおられます。ところがほんとに癌になると、意外と皆さん立派に死んでいかれるのです。これはどういうことかなぁと。ほんとに健康な間は、病気じゃないか、病気じゃないかと心配ばっかりされていても、本当に癌になると、意外としっかりして、最後は立派に死んでいかれるのです。これはどういうことかなぁと思ってたのですけど、死というものが、最初は恐怖の対象なんですね、現実じゃないところにある恐怖の対象でしかない。でも本当に現実になった時に、その人が死のことを本当に考え出して、自分の生き方が変わってくる、人生が少し変わってくる。ある意味、これは死を育てることになるのかなぁと思います。そういう点から考えると、やっぱり今の人間というのは暗いものを全部拒否したい、否認したい、その最たるものが死ですよね。死とか自殺とか病気、特に精神疾患のことなんか、小学校、中学校じゃ教えない。高血圧や成人病のことはいっぱい保健の教科書に書いてあるのに、自殺のことなどは全然教えない。しかし、若い人の死因の一番は自殺なのですから、若い人に、小学校、中学校、高校の保健の時間には、自殺から教えなきゃいけないのです。死のことは避けて通る。死のことをもっと教育のなかに入れましょうというと、皆こぞって反対されてしまう。そういった、風潮がある。こういったことが死を現実のものから遠ざけてしまって、余計に恐怖の対象にしていってしまっているのではないでしょうか。死というのは当たり前のこと、生まれた時から死ぬことは約束されて生きてるわけですから、その死を意識して生きるということが、その人の生きる人生を育てるということにもなるのではないかなと思います。

平田　私も渡辺先生の話を聞いていて思い出したのですが、「死が怖い」ということをしきりに訴えていろいろな症状を出してこられる、ある不安障害のクライエントさんとの心理療法を私は長いこと行っているのですが、その方は「死が怖い」ということをしきりに仰るんだけれども、よくよく話を聞いていくと、その方が怖がっているのは「本物の死」そのものではなくて、「死の影」というか「死の幻影」みたいなものなんですね。それが、こちらにわかってくるんです。その方は、ある種の仏教系の信仰ももっている方なのですが、「本物の死」は、その方にとっては、おそらく怖すぎて怖がることができないというか、「本物の死」には向き合えないがゆえに、「死の幻影」を怖がり「死の幻影」に振り回されていて、そのために、いろいろな症状――パニック発作のような症状もしばしば出されるんですが――を出しているんではないかと、こちらに思えてくるんです。なので、私としては、その方が「死の幻影」に振り回されているのを、ちょっとだけでも「本物の死」に向き合えるようになるとよい、と思ってお会いしています。もちろん実際に物理的に死んでしまわなくても、たとえば、イメージのなかででもリアルにある種の「本物の死」の体験をしてもらえるとよいのではないか、と思いつつお会いしています。そして、その方が「本物の死」に向き合うことは、その方の仏教の信仰がより「本物になる」ということと重なり合っている印象を、特にここのところ受けています。その方が「本物の死」にもう少し向き合っていき、ある種の覚悟が決まるならば、それは「死を育てた」ということになるのかと思います。

金山　今、仰っていただいたことと、岡田先生がフロアから死を育てておかないと死ねないと仰っていただいたのが、私のなかで、凄く大事だなと思いながら聞いていました。秋田先生、何かお話しになりたいこと、出てきましたか？

秋田　日本文化は「死を育てる」というのは、名言だと思います。岡田先生が言われたように、日本の古典芸能には死をテーマとしたものがとても多く存在します。それらと共に死が育てられていた。ただ、ここで問題なのは、死が育ちすぎる、という点です。たとえば、「心中」が美化されすぎる。あるいは「殺しの美学」などという言い方が出てくる。美にまで昇華されやすい文化であるとも言えます。ここのところはよくよく注意して臨床においてもみていかなければならないのではないでしょうか。

次に、渡辺先生の言われた、心配性という形で育てはじめる方。心配ばかりしているけれども、実際に癌になってみたら見事に死ぬという、非常に印象的なお話でした。また平田先生は、死の幻影という言葉を使われました。死の幻影から死そのものへ向かって行くと。お二人のご発言は、重なってくるところがあるかもしれません。「不安」あるいは「幻影」。それが実際の死になっていく。「無意識はすべてを知っている」という言い方をするならば、死ということが近付いてきている、それをどこかで察知してる、非常に深いところで知っている。そしてそれに対して少しずつ少しずつ準備して育てて、そうして、立派な死を迎えることができる。そういう人たちもいる。振り返ってみればこういう言い方ができることもある。そういう文脈で見ることは難しいでしょうか？

渡辺　どうでしょうかね、それは考えてなかったです。ずっと心配性のまま残念ながら天寿まで行ってしまう人はいますよね。本当に死が直面しないと、一歩が踏み込めないっていうのでしょうか。そういう人もいるので、先生が仰ったような、心配している間に死を育てているのかどうか。残念ながら育てきれていない人もいるような気はします。育てている人もいるし、育てられてない人もいるのではないかなという気がしますけど。

秋田　ありがとうございます。それとここは是非コメントしておきたいと思ったので、もう少し時間をいただきますと、篠原先生が「日本には死を呼び込む穴みたいなものがあるんじゃないか、死へ誘い込む大きな穴があるんじゃないかと、外国の方から聞いた」と言われましたけれども、それはやはりあると思います。恥の文化。ルース・ベネディクトが『菊と刀』で主張したことです。この論は否定されたり、また再肯定されたりしてきましたが、これを否定することは難しいと思います。

渡辺先生の言われた、家族のために死ぬということがある……。僕の臨床例でも、そんな恥ずかしい思いをする位なら死ぬ方がましだ、生活保護を受ける位なら死ぬ方がましだ、あるいは家族に迷惑をかける位なら死ぬ方がましだ…。恥をかくくらいなら死ぬ方がましだという、大きな穴があるように思います。

篠原　「死を育てる」というのは、自分で「死を育てる」ということもあるんでしょうけれども、やっぱり周りの人が共にですね、「死を育てる」ケースっていうのはあって。たとえば、今、先生が仰った癌を患っておられたおばあちゃんがですね、いよいよ近いだろうという、ご自分の認識が深まってきた。これを段階的に、皆さんもうすでに読んでおられるキュブラー・ロス先生やデュケンズ先生の書物に段階的な話がいくつもあるんですけれども。私の体験でですね、八六歳のおばあちゃんがいよいよ末期癌でそう長くないという時に、おばあちゃんがどういう行動を取ったかと言いますとですね、スイミングプールに行ったんですよ。スイミングプールに行って、インストラクターに『泳ぎを教えてください』。『おばあちゃん癌ですよね、今になって泳ぎを覚えるんですか?』と言ったら、『このままだと三途の川を渡りきれないから私に泳げる力を付けてほしい』と言った。ところがその時に一緒について行った小学六年生のけいこちゃんというお孫さんが、『先生、もしおばあちゃんが、三途の川を渡りきったら、もう一度私の所へかえって来れるだけの力を付けてやってください』と言った。この言葉は素晴らしいと思いませんか? おばあちゃんが、その時に、なんて優しい孫と私は生きてるんだろうと思った。そしてお婆ちゃんはほんとに穏やかな死を迎えてゆかれました。私はこれはそのけいこちゃんという存在がおばあちゃんの死を、非常に穏やかな死へ誘って行った、一つの例だと思う。だから、「死を育てる」というのは自分で育てるということと、当然のことかも知れないけれども、周りも支えていくというこの側面も忘れてはならないだろうと思います。

金山　ありがとうございます。そろそろ時間が残り少なくなってまいりましたけれども、フロアの方からもう少しご意見を。後ろの方、お願いします。ちょっと手を挙げていただいてもいいですか?

フロア2　すみません、お時間がないのに申し訳ございません。それぞれの先生方、貴重なお話ありがとうございました。それぞれのなかで、いつ話されるかなと思いながら聴いていたんですけど、出なかったので、どうしても訊きたくて、今、質問しております。自死と自殺の言葉の使い方の違いですね。その辺をちょっと説明をしていただきたいんですけれども。たとえば、語彙の問題として、自死遺族の方に配慮をするという意味で、自死というのを使われる場合もありますし、もっと医学的な意味とかいろいろあると思うんで、その辺をちょっとご説明いただければありがたいです。それから途中で仰られた、自殺（じせつ）という意味で、三島由紀夫と芥川龍之介は自殺（じせつ）であったというところを、もうちょっと詳しくご説明いただければありがたいです。

渡辺　私が自殺と自死を使い分けした方がいいと言ったのは、さっき篠原先生のお話を聞いての話なんですけれども、自死と言う場合は、簡単に言いますと、助かった後に、あぁ死ななくてよかったというケースです。自殺を図って、幸いに九死に一生を得た、その後、うつ病ならうつ病の治療をして良くなったときに、死ななくてよかったと思われるケースです。本当の意味で自分が死のうとしたわけじゃなくて、追い込まれて追い込まれて、医学的に言うとうつ病などの病気になってしまう、うつ病になると死にたくなってしまうのです。もっと端的に言うと、うつ病の人は病気の症状として死にたくなってしまう。ですからうつ病がよくなると、あぁ死ななくてよかったというふうに変わるのです。となると、うつ病の人の自殺というのは、病気のための症状で、病死という考え方ができる。となると、これは自分の覚悟で自分を殺そうとしたのではなくて、病気による死亡、病死と同じ扱いの自殺、本来の判断力をなくしていない状態で冷静に考えて、自分を殺すという場合には自殺、と言っていいのかもしれません。

フロア2　新聞紙上やマスコミなんかで使われてる場合の自死という言葉は、まぁ、どう言いますか、イメージ的には若干自殺よりも柔らかい部分があったり、自死遺族に対しての配慮という意味で、その自死というような形が使われていることがあるように見受けられるんですけど、そういう点というのはあんまり考えなくてよろしいんでしょうか？

篠原　あれは配慮です。これは我々については、NPOを中心にして議論をしつくしました。自殺ということではなくて自死という語を使うという。マスコミも私のところを自死志願者駆け込み寺と名付けた。今、仰るとおりのことがひとつです。だけれども、私が皆さんにお伝えしているのは、やはり今、先生が仰っていただいたように自殺は、自らが納得しての覚悟の死ですから、自己責任ですね。しかし今、カウントされている死は、本当は生きたいんですよ。生きられるものなら皆、生きたいという方ばっかりなんですよ。今、先生が仰ったように、未遂で終わった若者が、やっぱり富士山の樹海から帰ってきて、『生きててよかったです』と、『そうだろう』頭では死にたかったけど、体も心もほんとは生きたかったんだと。これはたまたま社会的な苦悩を背負ってしまったために、そこまで追い込まれた意味で、死を見つめてたということ。そこから解放されるということですから、これは自殺ではないんです。これからは自死を自己責任ではないのだととらえ受け止めていった方がよろしいのではないかと、私は考えて皆さんにお伝えしています。

フロア2　ありがとうございました。

金山　大事な点を質問していただいて、ありがとうございました。そろそろ時間も超えております。最後に何か、これはちょっと付け加えておきたいという先生方おられましたら。よろしいですか。それでは、長い時間、皆様と貴重な時間をご一緒させていただきました。ありがとうございました。

篠原先生が、自分ということだけでなく、周りの人と共に育てる死ということを仰っていただいて、まさしく、今日のこの機会、発端は秋田先生が休日の朝、コーヒーを飲みながら新聞を読んでいて目に飛び込んできた「死を育てる」という文字が、いろんな経過を経てこういう形になり、そしてこの時間になり、皆様と共にできたということ。これ自体がまた、「死を育てる」作業でありました。皆様は心のなかにこの体験が残り、またこれからいろいろと想いを馳せていかれることや、今日の体験を周りの方に話されたり、今日の体験を元にこれから周りの方に接していかれるといったこともあるかと思います。そういったことが、すべて「死を育てる」ということに、拡がっていくのかなという感じがしております。

それからもうひとつ、そういった意味で拡がりということになるかと思いますが、実は今回のシンポジウムを本として出版するということで、出版社との契約が成立しております。一応予定どおりでいきますと、来年の夏休み明けくらい、九月末となっておりますが、まぁちょっと無理でしょうね（笑）、大丈夫ですか。来年の秋くらいにはナカニシヤ出版から、おそらくこのままのタイトルになりますね、「死を育てる」というタイトルで、今回のご講演とシンポジウムの内容を中心に載せる予定です。その折りに、今日の印象が残っておりましたら、再度読み返していただけたらと思います。それでは長い時間でしたけれども、本当に最後までご清聴ありがとうございました。

終章　死は一つである

1　シンポジウムの「狙い」―「死を育てる」、その態度について―

さて、シンポジウムは終わった。いかがだったであろう。感じ方は皆それぞれだと思うが、私にとってはとても実り多いありがたいものとなった。

私は、近年多くのイベントを手掛けている。ところがこのたびは、「はじめに」で述べたごとく、「死を育てる」と「自殺防止」が結びつこうとしはじめてはいたのだが、シンポジウム全体に対する狙い・イメージの構築が私のなかで不十分なまま時を迎えた。これは講演者・参加者に失礼であると同時に、先生方におかれては苦闘を強いられたのではないかと危惧する。

しかしまた、以下のようにも思っている。映画監督の黒沢清の文章を引用することで、その意を表現してみたい。

何かを表現する上で、もしはっきりした「狙い」があるんだったら、それは徹底してあからさまに狙って、その目的を果たすのが成熟した大人の態度であり（中略）これが欧米における大人の考えだとするならば、僕のやっていた、心の中では何かを期待してはいるのだけれども、露骨にはそれを狙わず、何となくほのめかすだけにとどめ、ぼんやりとでもいいから自然に相手に伝わってくれさえすればそれで十分とする発想、これは海外の人にとっては、ほとんど自分勝手な子供が親に接する時のように未熟だと思われても仕方ないのかもしれません。（中略）そういう意味で言えば、昔からほとんどの日本映画は、海外の映画と比較するとまったく未成熟だと言えるでしょう。何がやりたかったのか見当もつかないし、何が狙いかもさっぱりわからないけれども、ただ漠然と過ぎていく……そんな箇所がいたるところにあります。（中略）どうやら、本当によくしたもので、別に何の狙いもなくカメラを回しても、そこに何かが映るようになっている。そして、別に何かを狙って一から周到に組み立てていかなくても、自分が何をやりたいのかを明確に把握していなくても、目の前の対象物に対してまずは子供のような純真さでカメラを向けてみるところから始めて、十分映画は成立するようです[1]。（傍点引用者）

我が意を得られた。映画と同列で論じてよいものかはわからぬが、本シンポジウムも「十分すぎるほど成立」したと感じている。ぼんやりと、と言えば、後述の藤波源信先生も「悟りとはぼんやりとしたもの」と言っておられた。あるいは渡辺先生は（死を育てる、について）「感覚としてはわかる」と言われた。

　また、『日本的感性』において佐々木健一は以下のように述べている。

　西洋の近代思想は、認識する「我」を中心におき（主観）、この我が対象（客観）を捉える、という主観－客観の軸に添って構成された。この機軸の意味は、主観が対象を支配することであって、その逆ではない[2]。バラに代表される美しい対象への意識の集中を特徴とする西洋的な感性に対して、花の好みを問題とする限り、桜に見られる空間的拡散の感覚を以て日本的感性の特徴とすることができる[3]。その広がって包み込む美の空間が、長い伝統をもっている[4]。

これまたしかり。日本人によって生み出された概念について論じるとき、強すぎる光をあてない方がよい。薄暗すぎてもどうかと思うが、光が強すぎると概念のもつ命が損なわれかねない。「ぼんやりとでもいいから自然に相手に伝わってくれさえすればそれで十分とする発想」「自分が何をやりたいのかを明確に把握していなくても、目の前の対象物に対してまずは子供のような純真さでカメラを向けてみる」（黒沢）ことが大切であり、「広がって包み込む美の空間」（佐々木）そのものを大切にするあるいはつくり出そうとする想いが大切である。本シンポジウムにおいては各先生方のお力そしてフロアーの方々の支えによって、美しいとまではいかなかったにしろ、ある程度佐々木の言うところの空間が成立しえたのではないかと感じている。「死を育てる」という「宝石」とさえ言いうる言葉・概念は、穏やかに、純真に、包み込むように、大切にされなければならない。この言葉が、そして「死」そのものが、育っていくための土壌となりうるために。

「死を育てる」と「自殺防止」が直接的には結び付かないにしろ、「死」と向き合うシンポジウムにおいて、自殺の観点は不可欠である。アルベール・カミュも述べるごとく「真に切実な哲学的問いは一つしかない。そしてそれは自殺である」。

終章ということもあり、先生方のご意見をここで簡単におさらいしておこう。

2 「精神」への偏見

まず、冒頭の渡辺洋一郎先生のご講演についてであるが、「自殺」の全体像をあそこまで鮮やかにわかりやすく説明していただける機会はそうそうない。構成度の高い見事なご講演であった。臨床現場のみならず、自殺防止センター理事、内閣府「自殺対策推進会議」委員等々の要職を兼ねつつ、常に自殺と向き合っておられる方ならではの包括的かつ臨床的（個別的）なものであった。男性においては二〇歳から四四歳までの死因順位第一位が自殺であること、女性においては一五歳から三四歳までのそれがまた第一位であることには皆驚かれたと思う。他国と比べて飛び抜けて自殺率が高いことも示された。旧ソビエト連邦諸国においては例外的に日本より自殺率が高いが、これはアルコール依存症関連自殺が多いことによる結果であろうとのご指摘であった。西洋における自殺率の低さはキリスト教が自殺を悪としていることが原因の一つであろう、とのご指摘もあった。それに比し、日本においては武士道の影響により死が「潔し」とされていることにも言及された。また多重債務者に自殺が多いことも教えていただいたが、ギャンブルなどで大きな借金をつくる人のみならず、生活苦により少しずつ借金を重ねざるをえなくなった末の多重債務自殺の多さも重要なご指摘であった。またうつ病の診断基準として「病前の機能からの変化」「終日、毎日、二週間以上続く」ことが特に重要であることを強調していただいた。また自死遺族の支援への重要性にも言及された。「精神」への偏見はむしろ強くなってきている、「こころ」の相談センターなどとソフトな言葉へと置き換えられることが近年増加しているが「精神」への偏見が根にあるからこそそうなるのである、とのご指摘は新鮮であった。また明るいもののみをよしとする風潮も問題であると。英語で win win などと言われるが、この言葉の根底にも勝ち負けの思想がある、「暗いもの」を否定してしまう風潮、戦前には暗愁という言葉があったが、まったく過去のものとなってしまった。自殺に人を追い込むものは孤立と絶望である。その二つに陥りにくい「社会」と「人」を育てること、そして人間一人一人の「違い」を受け入れられる「人」と「社会」を育てるべきである、等のご指摘はすべて極めて重要である。

3　自殺（じせつ）と自死

次に篠原鋭一先生のご発表では、なんと二四時間態勢で待機しておられること、最長一一時間連続で話をお聞きになったことがあること、丸ごと受け止める、覚悟をしてとことん聞く、次回の約束を時間設定まで必ずきちんとする、友人となる、必要があればすぐに飛んで会いに行く、等のお話をうかがった。携帯電話の番号も開示しておられる。まさに全存在をかけた戦いを二〇年にもわたって続けておられる。その迫力には気圧《けお》されるばかりだ。自殺と自死は違う、ことも教えていただいた。自殺は仏教用語では「じせつ」と読み、責任ある死を意味する。きちんと覚悟をしたうえでの「育てられた」死であると。三島由紀夫、芥川龍之介などがその例に当たると。現代における自死は構造的につくられた死であり、防ぎえるものである。たとえば孤立を招きやすい高齢化社会がくることは随分前からわかっていた、にもかかわらず、行政は手をこまねいていた。この無縁社会となってしまった在り方を有縁《う》社会に戻すことが急務であると語られた。そして新井満《まん》さんの活動―学校で生徒に本人にとって大切なものを描いてもらう。そして燃やす。生徒たちは大切なものが燃え「死んで」いくことに泣く―。この「死の授業」の大切さを教えてくださった。いずれにしろ、篠原先生は精神科医や心療内科医あるいは臨床心理士とはまったく違う取り組み方で死と向き合っておられる。心に関わる者としてのいわば「正統派」に属する我々が意識的無意識的のうちに避けてきたかもしれない大変な方法で、命を注ぎこみ活動しておられる。

4　「捨身飼虎」

次に、平岡聡先生。登壇されるや氏独特のユーモアで「篠原先生は本当の仏教者、私は偽坊主、座学の者にすぎない」などと仰られつつ、大変深みのある話をされた。インド仏教の出家者のなかには四人の有名な自殺者がいること。しかし、彼らはすべて釈迦によって解脱者とされた。また殺生戒において、他殺に比べ自殺の罪は軽いこと、さらには肯定的とさえ言える自殺が存在することを「捨身飼虎」の例を挙げて説明してくださった。餓えた母虎が自らの子を食おうとした時、薩埵太子《さったたいし》自ら崖から飛び降り、その屍を母虎たちに供した。これは「布施行」であると。

5 「魔女狩り」

最後に登壇された平田俊明先生は、性的マイノリティがいかに大変な生を強いられているかを自らの臨床と研究で得られた知見をもとに高い説得力でもって説明してくださった。他の精神障害とされるものと比し、性的マイノリティ（五〇人に一人の割合でいる）においては、たとえば男性同性愛者の場合、異性愛者と比し自殺未遂率が約六倍であると教えていただいた。また、他の精神障害における自殺に至るプロセスがまだしも心理的に追跡可能であるのに対し、「こんな段階で死ぬのか」、と思わざるをえない例があること、そのような事例に接すると「存在の根っこが、この世にしっかりと根付いていない、この世に生きるということが根付いていない」と感じてしまうと語られた。そして衝撃的なご発言をされた。現代の性的マイノリティに対する差別は「魔女狩り」と重なると。魔女狩りにおいても性的な側面が非常に強調されていたと。実際、二〇〇〇年東京で「ホモ狩り」と称され、同性愛者の一人の男性が殴り殺される事件があった――。

歴史的には「同性愛」という日本語が登場するのは一九二〇年頃であり、それ以前は「男色」「衆道」の言葉はあったが、異常視する視点は存在していなかった。それが、クラフト・エビングの著書が一九一三年に『変態性慾心理』との訳で日本に導入されて以来、性欲を正常と異常に区別することが始まった。そして、同性愛者は罪を負った存在であると自らを認識しはじめたと語られた。

さて、「自殺」とは何か。「死を育てる」とは何か。

6 「神様のくれた答案用紙」

過日（二〇一〇年一〇月）本学で行ったシンポジウムで、千日回峰行を達成された藤波源信先生とお話しさせていただく機会を得た。さすがにただならぬ気配をおもちである、と同時にごく普通のおじさん。その両面を兼ね備えた不思議な存在感をおもちの方であったが、ご著書のなかに「自殺するというのは思いあまってのことがあってのことでしょうが、絶対にしてはいけないことと思っています(5)」とある。また、映画評論家の故・淀川長治さんが『生死半半』という本のなかで、「自殺は、神様のくれた答案用紙を破り捨てるようなもの(6)」と書いておられる。淀川さんには生まれて半年で病死してしまった弟さんがおり、またもう一人の弟さんは二三歳のとき自死しておられる。それにもかかわらず、あるいはそれだからこその言だ。

然《しか》れども、死が「救済」となることもまたありえる。「救済としての『死』は浄土思想にのみ特徴的なものではない(7)」「救済とは必ずしも肉体的な『生』の方向にばかり向いているとは限らない(8)」。自殺をも含めた肉体的死が必ずしも「救済」に向かわないわけではないのである。自殺は避けられなければならない。と等しく、それでも、為された場合、死後、その意味合いが変わらなければならない。

自殺は本人の問題であると同時に、それ以上に残された者の課題でもある。ジェームズ・ヒルマンが「分析家は、自殺を犯す人より以上によく自殺を理解することができるのである(9)」と述べているが、「分析家」を「自死遺族」と置き換えた方がさらに真実に近づく。

金山先生がシンポジウムで「死の種子」という言葉を使われたが、生を始むるにあたっての「問題用紙」がどうかと思われる場合―難問すぎたり、そもそも問題自体に誤りがあることだってありえる―、それは破り捨てられてもよいかもしれない。ただ、ここでいう「破り捨てる」がいきなり「自殺」に直結していいわけではない。破り捨てたあと、自分で「問題用紙」自体を新たに作製せねばならないこともあろう。苦しいことではあるが、坂本龍馬も言うごとく「道は千も万もある」。

7　日本文化と死

フロアーにおられた本学教授の岡田康伸先生が「日本文化は死を育てる」と主語をつけるとわかりやすいのではないか、と言われた。ここで、篠原先生のご著書で紹介されているエピソードを思い出した。

　八十二歳のおばあさんが柿の木に登って落ち、骨折した。寝たきりになったおばあさんを息子夫婦が世話することになったが、もともとおばあさんと嫁は折り合いが悪かった。広い家だというのに、嫁はわざわざ庭にプレハブを建てて、そこに義母を寝かせた。

　プレハブだから夏は暑く、冬は寒い。翌年、おばあさんは死んだ。一周忌が過ぎ、使わなくなったプレハブをどうするかという話になった。相談の結果、夫と、大学一年生、高校二年生、中学三年生の息子が三人いるのだから、業者を呼ばずとも男四人でプレハブを壊せばいいということになった。

しかし中三の息子は「壊さなくてもいいと思う」と言う。

母親が「あら、高校受験の勉強のために自分が使おうと思ってるのね」と言うと、息子は首を振って言った。

「ううん、お父さんとお母さんのために取っておく」(10)。

昔話に詳しい方ならだれでもすぐ思いつくと思うが、この話は『姥捨て山』の「もっこ型」そのままだ。

息子と孫が老母をもっこ（竹や縄で編んだ運搬道具）で担いで山に捨てにいくと、孫が、父親を捨てに来るときに使える、と言ってもっこを持って帰ろうとする。いずれは自分も老母と同様に老いてわが子に捨てられることに気づいた父親は反省して老母を連れ帰る(11)。

この昔話は「死」を育てている。もし、篠原先生の事例の方が「もっこ型」を覚えておられたなら、このようなことにはならなかったかもしれない。ここでは昔話が恐ろしいほどに生きられている。詳しくは知る由もないが、お嫁さんはお嫁さんでギリギリの状況であったのであろう。極限状況において「昔話」はよみがえる。つまり、人間のごく深層において息づいている、連綿と引き継がれている「心」が現実化するのである。

たしかに日本文化には死を育てる一面がある。『姥捨て山』のもう一つの型「難題型」と合わせてお読みいただくと老いの大切さ、死に近い者の知恵をよりよく感じ取っていただけるとおもわれるので紹介しておこう。

息子が、国のおきてに従って老母を背負って山へ捨てにいくと、背中の老母はゆく道の木の枝を折り、迷わないようにおった枝を道しるべにして帰れ、と言う。息子は老母の子を思う気持ちに感動して、老母を連れ帰り、家の床下に隠して養う。隣国から『灰で縄をなえ』という難題を出された殿様が、『難題を解いた者にはほうびを与える』とおふれを出すと、息子が老母に教わって縄を焼いて参上する。国難を救った息子の知恵に感心した殿様に、息子が事実を打ち明けると、殿様は老人の知恵の大切さを知って老人を捨てるというおきてを廃止する[12]。

8　武士道と古典芸能

ところが、日本文化には「死を育てすぎる」一面もまたある。

たとえば「武士道というは死ぬこととみつけたり」。死ぬべき時にしかと死ぬる。その日のために、日々を生ききる。そのことの重要性が凝縮された言葉であるが、それが現代においては言葉のみが独り歩きして人を死にいざなう危険を高めている可能性がある。おそらく、「死ぬこととみつけたり」

のもつ魂が忘れ去られている。

また、古典芸能においては心中ものが多い。たとえば近松門左衛門作『曽根崎心中』におけるラストシーン「早よう殺して殺してと、覚悟の顔の美しさ」。この「美」を見せるために存在するとさえ言える劇。この文楽が大当たりをとった後、心中があいついだという。

『曽根崎心中』においては、「死が成就された」と言いたくなる程の「美」が表現されている。他にこのような種の美が存在しうるであろうか。これは、近松門左衛門と人形浄瑠璃文楽に携わる方々が創造しえた美である。

しかしそれに影響されての死はどうであろうか。さまざまであったであろうから、一概に否定することはできない。それぞれにおいて完成された死であった可能性はある。神社にその後祀られることとなったいわば神様「お初 徳兵衛」と重なりつつ死が為されたのであるとするならば、それはそれで簡単に否定されるべきではない。ここで指摘しておかねばならぬのは、日本文化には「死へのいざないの力」が存在することである。生と死の間の壁があまりにも薄い。

9　「世間」と「恥」

さらに見過ごされてはならない日本文化のもつ「死へのいざないの力」に触れる。篠原先生が紹介してくださった外国人の言葉、「死へ誘い込む大きな穴」が確かに日本にはある。前述の武士道と古典芸能以外にも「大きな穴」があるのだ。それはよく言われる「世間」と「恥」の構造である。臨床場面においても「こんな恥ずかしい思いをするくらいなら死んだ方がましだ」「人に迷惑をかけるくらいなら死んだ方がましだ」「こんなことでは家族に迷惑になるだけ、もうこれ以上迷惑をかけたくない」等の言葉はよく聞かれる。篠原先生がおっしゃっていたように「人に迷惑をかけてもよいのだ」と教えることもまた重要であろう。ただし、これは日本文化の根底を揺るがす可能性を秘めた言であることも知っておかなければならない。見ようによっては、かの龍馬もまた恥にまみれて生きた。だが、性根の根本がその「恥」を寄せ付けない。表面的に見れば、「恥にまみれて」いても、何らかの意志、たとえばこの子のためになど、があればもはやそれは「恥」ではない。ただ、それを「世間」なるものはなかなかわかってはくれない。龍馬の言に再び頼るが、「己の為すことは己のみぞ知る」。我々凡庸の者においては、龍馬の如き強靭さをもちようがないと言われるのは目に見えているが、その差は紙一重なのだ。いや、一重もないと言ってよい。

10　生きて生きて生きまくる

ここに映画『タイヨウのうた』（二〇〇六年　小泉徳宏監督）という物語がある。主人公天音《あまね》薫《かおる》一六歳は色素性乾皮症（XP）という病気にかかっている。これは実際に存在する病気なのであるが、太陽の光を浴びると死んでしまう。だから夜しか活動ができない。彼女は音楽が好きで、夜になると路上ライブを行う。が、誰も聴きにこない。そんな毎日を過ごしていたなか、藤代孝治《ふじしろこうじ》と付き合うようになり、彼に連れられ横浜で路上ライブを行ったところ、徐々に人が集まってきて薫の歌に皆が引き込まれる。

しかし、この病気は太陽の光を浴びずとも二〇歳まで生きることができない（実際の臨床においては多様な症例がありうる）。そしてとうとうギターを弾くことができなくなる。手が思うように動かない。しかしまだ、歌は歌える。自費でＣＤを作ることにした。スタジオに入り、恋人や両親をも部屋から追い出し、一人だけで渾身の力を振り絞って歌う。

病気は進行し、歩くこともままならなくなる。ある日、太陽の光を遮断する防御服を着て車いすに乗り、孝治と両親と海に行く。「暑いな」とつぶやく薫。死期が近いことを知っている父親は「もうそんなもの脱いじゃうか。Ｔシャツになって思いっきり遊べ。脱いじゃえ、脱いじゃえ」と言う。薫は「そんなことしたら死んじゃうじゃん。私、決めたの。死ぬまで生きる！　生きて生きて生きまくってやる！」と。車いすから立ち上がり、不自由な足取りで孝治の方へ歩いていく。もう少しのところでよろけて倒れそうになる。ハッと手を差し出して支えようとする孝治。薫は明るく「なんちゃって」とほほ笑む。本当に力が尽きかけよろけたのかもしれないし、おふざけをして驚かせようとしただけなのかもしれない。

孝治はしばらく動けない。そのよろける一瞬に薫の命そのものを見た、と私は感じる。よろけ、かつ倒れない。これは私には薫の存在をかけた「舞」に見える。そして日ならずして死んでいく。死後、ＣＤは売れ始める。ラジオから流れる薫の歌を聴いて孝治や両親は耳を疑い、喜ぶ。

このような物語を見せられると、病死、事故死、自死、自然死などの境界がよくわからなくなってくる。いわゆる客観的時間としては短い生であったであろうが、彼女はおそらく本当に「生きて生きて生きまくった」。おそらく孝治に出会って「生」が輝きはじめた。と同時に「死」がこれまで以上に重く、薫を押しつぶそうとする。「生」と「死」の両方が際立ちはじめた。そして一瞬の「舞」を孝治だけに見せ、「歌」を多くの人に残して死んでいった。すでにもう「病死」という感じがしない。若くして病に倒れたという感じがしない。彼女においても人生の「四季」が生き抜かれたのである。

話は飛躍するが、イエス・キリストの死はどうか。処刑されることを知りつつ、活動を止めなかった。そして十字架上での死。これは自殺とは呼べない。自然死でもない。病死でもない。自殺でさえない。「死」である。「死」はひとつである。あるいは生と死が深まったときのみ「ひとつ」となりうる。

現実において、自殺をされる方は最後の最後までおそらく通常人が考えている以上に生きて生きて生きまくっている。本当に死を選び取ってしまうほど苦しいなか、一分一秒を生き抜かれている。それは通常に想像しうる密度ではない。『タイヨウのうた』と重ね合わせて考えると、あるレベルまでいけば死の種類をどうこう言うことが意味をもたなくなってくる。

残された者はどうか。「死」は否定されるべきか。肯定されるべきか。遺族におかれては否定も肯定もないであろう。深い悲しみや苦しみ、あるいは怒りがある。私のところで長年にわたり自死遺族の研究をしている者がいるので、彼らの苦しみを少しは教えていただけているように思う。「当事者」でないことの自覚は重要である。精神科医の帚木蓬生は「これまで医学界は、（中略）自助グループの素晴らしい効用を無視してきました。私は将来、どんな病気でも、この自助グループが大きな役割を果たしていくに違いないと考えています。通常の医療にはできない健康回復への手立てを、自助グループがもっているからです」[13]と述べている。私もまったく同感である。

11　礼

再び、残された者はどうか。すべての死は完成された死である、とすることができる。―「神」や「仏」を例に取ってみよう。神や仏はいる、とすることができるし、いないとすることもできる。信じている人にとっては絶対的にあるいは圧倒的に存在する。信じていない人にとってはまったく存在しない。そのようなレベルの現実があるのである。そしてその幅は意外に広い。ある方の「自殺」を、完成されたもの、きちんと育てられたもの、とするか否か、それは決めることができるレベルの現実《リアリティ》に属する―。ここで、残された者がその死をそれでも受け止めることをするならば、死は残された者の命・生と絡み合って、残された者の命・生をさらに「生かす」。自死された方がいて、残された方がいる。「自死された方に対する意識」は、死の前後で変容が遂げられるべきではないかと考える。

ここで日本のもつ「礼」の力に目を向けたい。

西洋のスポーツと日本の武道は明らかに異なる。ボクシングでもレスリングでもそうだが、勝利者はガッツポーズをしてよい。チャンピオンになったことを誇ってよいのだ。ところが、剣道ではどうか。ガッツポーズなどとんでもない。試合が終わった後は深々と礼をする。相撲もそうである。ＪＵＤＯではなく柔道、もそうである。弓道しかり、すべて礼が重んじられる。この礼の力により試合が終わるとモードが切り替わる。深いところで態が変わる。『漢語林』によると「礼」のつくりは甘酒を意味する。甘酒を神にささげて幸福の到来を祈る儀式の意味を表す。死者への「礼」がしっかりと払われたとき、残された者の在りようが変わりえる可能性をこの語に見て取ることができる。日本人はこのような文化をもっているのである。

12　魔女狩りと精神障害

自死ではないが、事故で妻を突然失った男の物語がある。映画『今度は愛妻家』（行定勲監督、二〇〇九年）。男はどうしても妻の死を受け入れられない。妻の幻が毎日出てくる。幻というより幻視というより実物そのものとして。男は仕事もできず「妻」との生活を続ける。有名カメラマンであったのであるが、生活は荒《すさ》んでいく。見かねた妻の父が、何とかしようとする。この義父の存在感がすごい。自他共に認める「オカマ」。同性愛者が「魔女狩り」を受けたにもかかわらず生き延びられた姿の圧倒的な存在感がよく表現されている。人間としての本当の意味での魅力に富んでいる。底が無いほどに優しい、温かい、そして強い(14)。その義父に支えられ、また「妻」に支えられ、どうにか男は現実に生還することをえた。この映画には「突然の死」を受け入れることの大変さと「性的マイノリティ」が生き抜かれた後の魅力とが存分に表現されている。

「同性愛」が「精神障害」ではないと思っている者は私だけではないであろう。断じて病気ではない。他の性的異常とされるものも、相手あるいは誰かに迷惑がかからない限りすべてそうである。この「魔女狩り」なるものによって、パニック障害やうつ病などが始まる。「魔女狩り」によって精神障害となるのである。また平田先生が述べられたように、性的マイノリティには罪の意識が伴う。わが国の

「恥」の文化に加え、「罪」までが加わる大変さを担わされていることをよくよく認識しておかなければならない。

13　それぞれの「死期」と「四季」

先述の淀川さんが以下のように述べている。

日本では、武士道の名残があるせいか、自殺を美しい死に方のように考える風潮があります。映画の中でも、主人公が切腹したり、愛し合う男女が心中したりする場面が、甘美に描かれることが多いようです。主君への忠誠を誓って死ぬ、あるいは恋愛を美しいまま終わらせるために死ぬ―その潔さに、観客も感動する。欧米の映画では、そんなことはありません。むしろ最後まで精一杯に生きようとする姿が、見る者の感動を誘います。単純に邦画はダメ、洋画のほうが素晴らしいなどというつもりはありません。でも、自殺や心中を美しく描いた映画は大嫌い。やはり私は、主人公が苦しくても苦しくても最後まで生きようとする姿に心を打たれるのです(15)。

文化差を明確に表現するのは、非常に難しいことであるが、あの淀川長治さん、つまり映画三昧を生涯にわたって続けられた方の言葉だけに、信じるに値する。つまり、「欧米の映画ではそんなことありません」。日本論を語るうえで重要な一言である。この引用部分には私もまったく同感である。

誤解を恐れずに言えば、自殺には「死」を虐待する側面がある。と同時に、私は自らの臨床体験から再度言いきりたい。「すべての死は生き抜かれている」。

釈迦は四人の自殺者をすべて「解脱者」としている。この事実はとてつもなく重い。

吉田松陰は、死刑の宣告をうけた後、彼の死に臨む姿勢を『留魂録』に書きとめた。彼によれば人生には春夏秋冬の四季があり、二十歳で早逝する者も彼なりの四季の一めぐりをおえている。五十・百で死ぬ者も、またその人なりの四季の一めぐりを生きた者である(16)。

すべての死は「その人なりの四季の一めぐりを生きたもの」なのである。

自殺には最後の最後まで全力をかけて抗わなければならない。しかし、不幸にして自殺が訪れたとき、それらすべての自殺において、それぞれにおいて、それぞれに死は完成されている。育てられきっている。そして、それをさらに育てていくのが、残されたものの役目である。死は生を育て、生は死を育てる。

「死を育てる」が本書において少しでも育ちえたか否かは読者のご判断を待つしかない。だが、この言葉をタイトルとして世に出せたことを嬉しく思う。『タイトルの魔力』という本があるが、本書のタイトルもまた力をもってほしい。そしてその力が、苦しむ人たちのもとへ少しでも届くことを心より祈る。

文献・注

(1) 黒沢清「日本映画と未成熟」『日本的想像力の未来』、ＮＨＫ出版、二〇一〇年、六九‐七〇頁
(2) 佐々木健一『日本的感性』、中公新書、二〇一〇年、二八頁
(3) 同書、三七頁
(4) 同書、二五四頁
(5) 帯津良一・藤波源信『いのちの力』、経済界、二〇〇七年、一七四頁
(6) 淀川長治『生死半半』、幻冬舎文庫、一九九八年、三三頁
(7) 同書、七六頁
(8) 有家佳紀「子規の随筆にみる死の準備の過程」『プシケーvol.二三』、新曜社、二〇〇四年、七五頁
(9) ジェームズ・ヒルマン著　樋口和彦・武田憲道訳『自殺と魂』、創元社、一九八二年、五四頁
(10) 篠原鋭一『もしもし、生きてていいですか?』、ワニブックス、二〇一〇年、二一四‐二一五頁
(11) 稲田浩二・稲田和子編『日本昔話ハンドブック』、三省堂、二〇〇一年、七九頁
(12) 同書、同頁
(13) 帚木蓬生『やめられない』、集英社、二〇一〇年、一九六頁
(14) ＤＳＭでは、「性障害および性同一性障害」としてさまざまな性的「異常」が挙げられているが、これはいかがなものか。障害とする必要がなぜあるのか、私にはまったく理解できない。性機能不全は改善された方がいいものもあるであろうが、人様に迷惑をかけない限りにおいてはそして相手が同意するのであれば「異常」などとして「魔女狩り」の対象となる可能性を高めるような行為は厳につつしむべきだと考える。
(15) 同書、三五頁
(16) 相良亨『武士道』、講談社学術文庫、二〇一〇年、六六頁

おわりに

このシンポジウムの後、本書がまとめられるまでの間に東日本大震災が起こり、一五、八五四名（二〇一二年三月二一日段階）の方々の命が奪われた。何より先に、亡くなられた方々、今なお行方のわからない三、一四三名の方々のご冥福を心よりお祈りしたい。また、取り戻しようのない被害を受け、日常生活を奪われ、不自由な毎日を余儀なくされている被災者、ご遺族の方々のご心中を思うと、言葉が無い。どうか少しでも早く、当たり前の生活を取り戻してゆかれることを切に願う。

今回の震災と津波の被害、それから原発問題での被害の体験は、私たち日本人を、否応なく新たなところへ押し出していくように思う。直接的には、原子力利用を推進するか否かという問題や、潤沢な電力供給を前提とした物質的に豊かで消費的な生活の見直しなどが、当面の課題になるだろう。それと並行しながら私たちは、突然の災害やそこで生じるさまざまな死をどのように受けとめればよいのか、そして、愛しい人や事物の喪失を抱えながらどう生きるのかというテーマに向き合い、取り組む時期を迎えるのだと思う。

今回のシンポジウムに参加いただいた方のアンケートの中で、ご自身が自死遺族であるという方から「わかっていないなと思う」、「きれい事に聞こえる」というコメントをいただいた。率直に、その通りでもあろうと思い、また、よく書いてくださったとも感じた。本文中でも触れたように、今の私たちにとって、具体的な死は本当に遠ざかっている（それが、事実であるかどうかとは無関係に）ように感じられてしまう。私たちはいつの間にか、死の具体性から切り離されてしまっているのである。だから、現代的な文脈で死を語ろうとすると、どうしても観念的あるいは客観的なものになってしまう。それしか表現する術をもたないのである。このような語りのあり方と、極めて具体的な死にさらされた方たちの体験・心情との間には、埋めることのできない断裂がある。上記のコメントをされた方は、シンポジウム当日の会場でずっと、このような断裂を感じておられたのではないだろうか。ここには、具体的な死にさらされた人々――死に瀕した本人およびその家族――の体験・心情がどこにも行き場を見出せないという、死をめぐる現代的な問題のひとつが現れているようにも思われる。

かように、現代人である私たちは、死と関わりあう術を失ってきているのだが、死のない生は現実にありえず、生は常に、死のモメントを孕んでいる[1]。東日本大震災は、このことを恐ろしい程具体的に、私たちに知らせてくれている。「はじめに」で秋田先生が書いておられるように、生が終わるところに死がある、という認識では、おそらくもう不十分なのである。さまざまな死に支えられた生、さまざまな死を経た生でなければ、生もまた具体性を帯びることはない。ここからどのように死を育て、生を育てていくかが、私たちに問われているのであろう。

本書は、二〇一〇年一一月七日、京都文教大学での公開シンポジウム「死を育てる」の内容から構成されたものである。当日の講演とやりとりを中心に各シンポジストが加筆修正し、二人の編者が、取り組みの発端からひとまずの終了までのプロセスが伝わるように、前後を書き加えた。振り返れば、いくつかの、ひとつひとつは小さな契機が繋がりあいながら、自ずとここまでの形に育てていく作業であったように思う。関与してくださったすべての方に感謝したい。

文献・注

(1) 本書の編集者である宍倉由高氏が、以下のような文章をご紹介下さった。
「わたしは医学生時代にこんな講義を受けた。

『赤血球、白血球、リンパ球、筋肉組織、骨細胞など、ヒトの細胞60兆個にはそれぞれ寿命がある。このうち数千万の細胞が毎日のように寿命をおえて消滅し、同時に新しい細胞に生まれかわる。つまりヒトの体内ではたえず生と死が繰り返されている。年を経るごとにこの細胞の消滅と新生はゆるやかなものとなり、消滅する比重のほうが高まる。行きつく先が老衰であり、心肺停止と言う人の死である』

これを聞いて、生きるというのは、からだの中で死を育てていることと同じだな、と印象に残った。」

(篠田達明「がんと闘った精神分析の創始者フロイト」学士会会報No.889(2011-IV)pp.75-80)

ま行

や行

ら行

わ行

た行

な行

は行

索　引

あ行

か行

さ行

執筆者一覧

秋田　巌　京都文教大学臨床心理学部教授　精神科医　ユング派分析家

金山　由美　京都文教大学臨床心理学部教授　臨床心理士

渡辺　洋一郎　医療法人渡辺クリニック院長　大阪精神科診療所協会会長　日本精神神経科診療所協会副会長　NPO 法人国際ビフレンダーズ大阪自殺防止センター理事　内閣府自殺対策推進会議委員

篠原　鋭一　禅・曹洞宗　長寿院住職　NPO 法人「自殺ネットワーク風」理事長

平岡　聡　京都文教大学臨床心理学部教授　浄土宗僧侶

平田　俊明　しらかば診療所　臨床心理士　精神科医

死を育てる

2012年6月20日　初版第1刷発行　（定価はカヴァーに表示してあります）

編　者　秋田　巌
　　　　金山由美
発行者　中西健夫
発行所　株式会社ナカニシヤ出版
〒606-8161　京都市左京区一乗寺木ノ本町15番地
Telephone　075-723-0111
Facsimile　075-723-0095
Website　http://www.nakanishiya.co.jp/
E-mail　iihon-ippai@nakanishiya.co.jp
郵便振替　01030-0-13128

装幀＝白沢　正／印刷・製本＝亜細亜印刷

ISBN978-4-7795-0648-2

よく生き、よく死ぬ、ための生命倫理学

篠原駿一郎・石橋孝明 編

死を直視し、よく生きることの意味を再考
よき生の仕上げとしての「よき死」を意識することで、よく生きることとの意味を問い直しつつ、現代医療の諸問題を検討した入門書。従来の議論が目をそむけてきた「死」を直視する、より実り多い生命倫理学への可能性を開く。

四六判　二八二頁　本体二五〇〇円＋税

生涯発達における死の意味づけと宗教

ナラティヴ死生学に向けて

川島大輔 著

死と生の多様な意味づけをひらく死の物語り
生涯発達心理学と死の心理学の知見に、意味と物語の視点を取り入れ、語りから、個人の生涯にわたる死の意味づけが、死にゆくものと遺されるものの世代を結び、いのちの循環サイクルの中に位置づけられる様子を描く。

A5判　二一六頁　本体五二〇〇円＋税

「死の不安」の心理学

青年期の特徴と課題

松田茶茶 著

青年の「死」に対する意識の実証的研究
アイデンティティが揺らぎ、「死の不安」を抱く青年たち。その意義、あるいはまったく考えないことの危険とは――。青年たちへの実証研究から実態を明らかにし、デス・エデュケーションへの示唆も与える。

A5判　一四八頁　本体三二〇〇円＋税

幸福感を紡ぐ人間関係と教育

子安増生・杉本　均 編

京都大学グローバルCOEが、多彩な論考、エッセイと、GNH（Gross National Happiness：国民総幸福量）の提唱で注目を集めるブータンでのフィールドワークをもとにした座談会から、幸福感を支える「教育の力」を示す。

四六判　二五六頁　本体二二〇〇円＋税

幸福を目指す対人社会心理学
対人コミュニケーションと対人関係の科学

大坊郁夫 編

人間関係で悩むのをやめ、皆が幸せな社会へ　コミュニケーションツールが多様化し高度になっても孤独な人が多いのはなぜか。日々の生活で円滑な人間関係を築き「みんなで幸せ」に過ごすには、何を心がけなければならないか。社会心理学の最新の知見をもとに提言。

Ａ５判　三〇八頁　本体三〇〇〇円＋税

コンピテンス
個人の発達とよりよい社会形成のために

速水敏彦　監修
陳　惠貞・浦上昌則・高村和代・中谷素之　編

動機づけ、適応力等社会で生きる能力に迫る　自分自身に働きかけられる力、まわりの人々や環境に働きかけられる力、コンピテンス。自分を律する、やる気を育てる、苦手な人とかかわる――これらの力がどのように発達し、活用できるのかをめぐる、多彩な論文集。

Ａ５判　二八〇頁　本体二八〇〇円＋税

メンタルヘルスへのアプローチ
臨床心理学、社会心理学、精神医学を融合して

西村　健　監修
藤本　修・白樫三四郎・高橋依子　編

心の健康の問題に立ちむかう為の多彩な視点
リストラ、抑うつ、自殺、いじめ――日本の社会から笑顔が消えた今、人間関係、組織や文化、心の病気など、この問題に立ちむかう多彩な視点を提示する。各分野の第一人者による座談会も収録。

Ａ５判　二二四頁　本体二五〇〇円＋税

対人ストレスコーピングハンドブック
人間関係のストレスにどう立ち向かうか

加藤　司　著

良好な人間関係も精神的健康も維持する方法
ストレスがつきものの人間関係において、もっとも有効なストレス解消方法（コーピング）とは何か？　科学的な実証研究をもとに、ストレスの専門家でさえ知らないであろう現象をも取りあげながら、初学者にもわかりやすく解説。

Ａ５判　二二六頁　本体二〇〇〇円＋税

音楽が創る治療空間
精神分析の関係理論とミュージックセラピィ

稲田雅美　著

音楽と言葉が紡ぐ空間のダイナミクスを描く
欧米に理念と実践の発端をもつミュージックセラピィ。精神分析の関係理論に基づき、治療空間のダイナミクスを論じながら、その意義を明らかにするとともに、セラピストの音楽的介入の時機や有効な介入のあり方を示す。

Ａ５判　一四八頁　本体三八〇〇円＋税